全民健身计划系列丛书

手　球

洪海潇 / 编著

吉林出版集团股份有限公司
全国百佳图书出版单位

图书在版编目（CIP）数据

手球 / 洪海潇编著. -- 长春 : 吉林出版集团股份有限公司, 2021.1（2021.10重印）
（全民健身计划系列丛书 / 王晓亮主编）
ISBN 978-7-5581-9482-5

Ⅰ.①手… Ⅱ.①洪… Ⅲ.①手球运动—基本知识 Ⅳ.①G844

中国版本图书馆CIP数据核字(2020)第251784号

SHOUQIU

手球

洪海潇 编著

责任编辑 田 璐 朱万军
封面设计 张振东
版式设计 吉林国艺图书有限公司
责任印刷 王 起

出 版 吉林出版集团股份有限公司
发 行 吉林出版集团青少年书刊发行有限公司
地 址 长春市福祉大路 5788 号
邮政编码 130118
电 话 0431-81629800
传 真 0431-81629812
印 刷 永清县晔盛亚胶印有限公司
版 次 2020 年 4 月第 1 版
印 次 2021 年 10 月第 2 次印刷
字 数 100 千字
开 本 720mm × 1000mm 1/16
印 张 8
书 号 ISBN 978-7-5581-9482-5
定 价 36.00 元

全民健身计划系列丛书

编委会

主 编

王月华　张　颖

副主编

方　方　范美艳

编 者

丁雪飞　于　洋　王小亮　王月华
王玞玥　王思臻　方　方　文博洋
丛广惠　白赞路　许沂铭　张　颖
张艳玲　张　月　张彦杰　张　楠
宋丽颖　苏雅娟　范美艳　唐　堃
董诗雨　董博宇

前言

党的十九大报告指出："广泛开展全民健身活动，加快推进体育强国建设。"当全民健身上升为国家战略后，日常参与健身的人群将日益扩大，大家将以各种方式强健体魄，获得感和幸福感油然而生。

面对这样可喜的局面，吉林出版集团股份有限公司青少年书刊出版发行事业部和吉林体育学院编写组共同策划、编写了"全民健身计划系列丛书"。

"全民健身计划系列丛书"能够顺应国家有关体育的大政方针，把握时代脉搏，对指导大众健身有很好的促进作用。丛书图文并茂，实用性强，力争有所创新，包括球类运动、体操健身运动、传统武术、体育舞蹈、休闲运动、格斗运动和民间体育活动等项目，通过高清图片分解健身步骤，使读者用简单易行的锻炼方式达到良好的健身效果。读者在学习的过程中，不仅能够掌握运动健身的方法，还能够学到保健方面的基本知识。

吉林体育学院的老师作为专业的体育工作者，把高等院校的理论资源转化为实践成果，使"全民健身计划系列丛书"更加具有权威性、科学性、实用性，也更贴近健身人群的需求。

希望本丛书能为社会各界热爱健身的人士提供指导与帮助。

目　录

1

第一章 概述

手球运动虽然诞生较晚，但发展迅速，目前，已经成为世界上比较流行的一项体育运动。该运动具有较强的竞技性和观赏性，因此深受人们的喜爱。

第一节 起源与发展

一、起源

手球是一项起源于欧洲的球类运动。19 世纪末，德国和丹麦等国相继出现了类似手球的游戏。1917 年，德国柏林体育教师海泽尔为女子设计了一种集体游戏，规定参与者只能用手传递或抛接球，双方身体不得接触，这便是手球的雏形。

1919 年，柏林另一位体育教师舍伦茨对海泽尔的游戏进行了改进，规定持球者传球前可跑 3 步，允许双方身体接触。

1920 年，手球竞赛规则制定。

1925 年，德国与奥地利举行了首次国际手球比赛。此后，手球运动逐渐在世界各国开展起来。

二、发展

随着手球技术的提高和规则的日臻完善，以及国际赛事的举办，手球运动逐步走上规范化道路，成为全民健身运动的有机组成部分。

(一)传播

1928年，在阿姆斯特丹举行的第9届奥运会期间，国际业余手球联合会成立。

1936年，在第11届柏林奥运会上，男子11人制手球被列为奥运会比赛项目。

1946年，国际手球联合会创立，推动了手球运动的传播与发展，手球运动开始由中欧向北欧及东欧等国家传播。

20世纪40年代，手球运动由南欧传入非洲。

20世纪50年代，手球运动在美洲及亚洲开展起来，继而在世界各地蓬勃兴起。

由于北欧地处北温带、北寒带交界处，受气候和季节的影响很大，夏季短暂，冬季漫长。寒冷的冬季，11人制手球运动无法在室外进行，于是人们就把手球运动搬到室内，尝试在室内进行训练和比赛，并对手球比赛规则进行了修改。在室内进行的手球比赛，上场人数规定为7人。

1972年，在慕尼黑举办的第20届奥运会上，男子7人制手球运动正式被列为奥运会比赛项目。

1976年，在加拿大蒙特利尔举办的第21届奥运会上，女子7人制手球运动被正式列为比赛项目。

(二)机构与赛事

1. 机构

国际手球联合会(IHF)简称国际手联，目前已拥有147个协会会员，分属国际手联承认的亚洲、非洲、欧洲、大洋洲和南、北美洲的手球联合会。

中国手球协会于1979年加入国际手球联合会。

2. 赛事

(1) 奥运会手球赛，每四年一届。

(2) 世界手球锦标赛，每两年一届。

(3) 世界青年手球锦标赛，每两年一届。

(4) 各大洲手球锦标赛，每两年一届。

(三)发展趋势

1. 国内趋势

手球运动在我国的发展时间较短，普及性不是很高。但手球运动规则简单，初学者容易入门，便于开展。由于手球运动的身体对抗性较强，所以更适合在青壮年人群中开展。

目前,中国手球技术水平与欧洲乃至亚洲的一些队伍相比，还存在较大差距。很多欧洲国家的手球运动都已经走上了职业化道路，形成了一套成熟的竞赛和人才培养机制。而中国手球职业联赛尚未开展，还需要学习和借鉴国外先进的管理经验，提高技战术水平。

2. 国外趋势

手球运动在欧洲发展迅速，法国、德国和俄罗斯的实力都很强，可谓是“欧洲无弱旅”。另外，手球已成为一项集快速、灵巧、智慧、创造、经验、耐力和精细于一身的运动，对运动员的高度、速度、技术、技巧以及战术打法等都提出了更高的要求。

第二节 场地、器材和装备

手球运动对场地、器材和装备都有较高的要求。高质量的场地是手球运动开展的前提，而良好的器材和装备则是练习者发挥较高技术水平的必要保证。

一、场地

场地是手球运动开展的一个重要组成部分。手球比赛的场地类似于5人制足球的比赛场地。场地的好坏直接影响运动员技术水平的发挥。

（一）规格

1. 场地呈长方形，长40米，宽20米。

2. 场地上画有界线，长界线称作边线，短界线称作球门线（球门柱之间）和外球门线（球门的两侧）。

3. 在场地的两球门线上放置两个球门，球门的前面有一个半圆形的区域，称作球门区，界定球门区的弧线称作球门区线，球门区线距离球门6米，故此球门区线也称作六米线。

4. 在场地的球门正面，距离球门9米处，有一条与球门区线平行的半弧形虚线，称作任意球线，也称作九米线。

5. 在球门区线和任意球线之间，正对球门处有一条1米长的实线，称作罚球线，也称作七米线。

6. 守门员限制线长15厘米，位于球门正前方，与球门线平行，从球门线外沿至此线外沿的距离为4米，故称作四米线。

7. 球门线的宽度为8厘米，其他所有的线宽均为5厘米。

8. 场地周围应设有安全区，离边线至少1米，离外球门线至少2米。见图1-2-1。

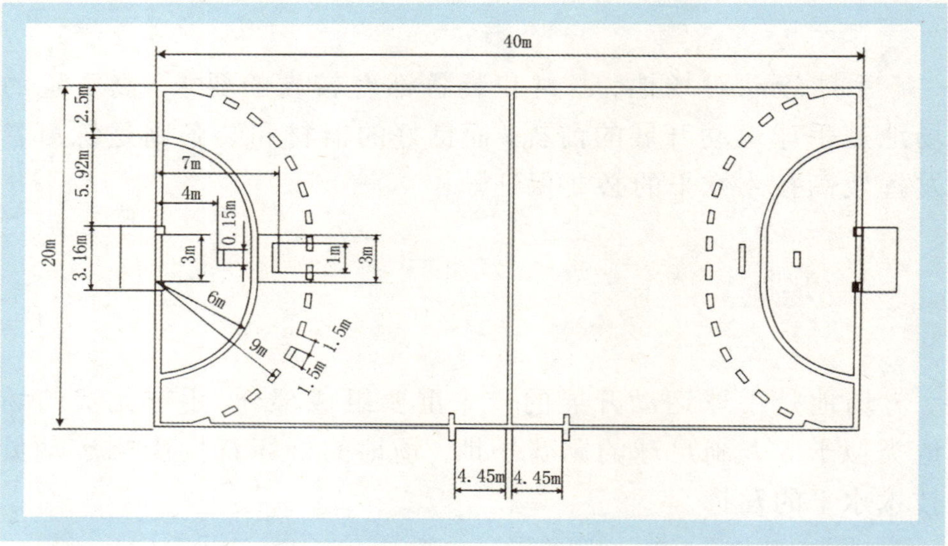

图 1-2-1

（二）设施

1. 球门

(1) 球门用木头、轻金属或复合材料制成，位于端线的中央。

(2) 球门内径高2米，宽3米，门柱横断面为边长8厘米的正方形。

(3) 球门要涂上与背景有明显区别的两种颜色的油漆。

2. 球网

手球比赛用的球网与足球比赛用的球网相似。见图 1-2-2。

图 1-2-2

二、器材

从事手球运动的主要器材就是手球，良好的器材是手球运动开展的重要保障，在一定程度上影响着比赛的胜负。

(一) 规格

1. 球应呈圆形，且不能充气太足。

2. 奥运会男子用球周长为 58 ～ 60 厘米，重 425 ～ 475 克；女子用球周长为 54 ～ 56 厘米，重 325 ～ 400 克。

(二) 材质

(1) 球必须以皮革或合成材料制成，皮革球应由 32 片皮子构成。

(2) 球皮用高质量的整块皮缝合而成，手感要柔软、平整和抗拉，接缝平整无缺陷，不伤手、不磨损、不爆裂。

3. 球胆用橡胶材料制成，表面不应发亮。见图 1-2-3。

图 1-2-3

三、装备

在进行手球运动时，舒适、合体的装备对练习者不但有安全保护作用，还有助于练习者充分发挥技战术水平。

（一）服装

运动服简单舒适即可，短袖运动衫或短裤质地要柔软，有弹性，尽量宽松。见图 1-2-4。

（二）鞋

鞋一般应为软胶底，有助于蹬地和发力，而且防滑。见图 1-2-5。

图 1-2-4

图 1-2-5

2

第二章 运动保健

体育运动对增强体质、预防疾病和促进人体健康具有良好的作用。但是，并非所有人做相同的运动都会达到同样的效果。对于同一种运动负荷，不同的人机体反应差异很大。即使是同一个个体，在不同时期、不同机能状态下，对同一负荷的反应及收到的效果也是不一样的。因此，对于不同个体，应制定适合其机能需要的运动强度、时间、频率和持续周期。从事体育锻炼一定要讲究科学性，使机体最大限度地获得运动价值，使某些疾病得到有效的防治或祛除。

第一节 自我身体评价

自我身体评价是指根据个体的不同情况，以及简单的功能评定标准，对锻炼者进行身体评价，并以此为依据，确定具体的锻炼内容。

一、适宜人群

体适能是全身适应性的一部分，是人体对现代生活的适应能力。为了促进健康、预防疾病、提高生活质量和工作学习效率，几乎所有人都可以追求健康体适能，而且经过简单的评价和测试，均可以成为目标人群，即适宜人群。

（一）健康体适能评价标准

健康体适能是指身体有足够的活力和精力处理日常事务，不会感到过度疲劳，并且还有足够的精力去享受休闲活动或应付突发事件。

健康体适能是确定锻炼者是否为运动适宜人群的主要依

据。目前的评价标准主要包括国民体质测定标准、学生体质测定标准和普通人群体育锻炼标准等。

国民体质测定标准主要包括形态指标、机能指标和素质指标3部分，各项指标的测定结果为1～5分，共5个级别。凡各项指标达不到4分或5分者，均应纳入健身人群。

学生体质测定标准分为优秀、良好、及格和不及格4个级别。优秀水平以下者，均应被纳入健身人群。

普通人群体育锻炼标准分为5个级别，凡达不到4分或5分者，均应纳入健身人群。

（二）简易运动功能评定

简易运动功能评定的目的在于确定锻炼者有无运动禁忌症或临时运动禁忌，即是否适合参加体育锻炼，以防万一，避免意外事故发生。目前通行的方式为3分钟踏台阶测试。

1. 目的

测试锻炼者运动后心率恢复情况，以评估其心肺功能。

2. 器材

30厘米高的长凳、节拍器、秒表和时钟。见图2-1-1。

3. 步骤

(1) 节拍器设定为每分钟96次，测试者依“上上下下”的节拍运动3分钟，每次踏上台阶应达到直膝，而且先踏上的脚先落下。

(2) 测试者完成3分钟踏台阶后，5秒钟内开始测量脉搏，时间为1分钟，记录下心率，并依据表2-1-1评价功能水平。

(3) 运动后心率越低，证明心肺功能越好，在运动强度允许的范围内，锻炼者可选择运动强度的较高值来进行运动。

4. 注意事项

如测试者经过努力仍无法达标，或出现头晕、胸闷、出冷汗等症状，应立即终止测试。运动中应特别考虑运动强度，以防止出现意外。

图 2-1-1

表 2-1-1（单位：次 / 分钟）

	年龄(岁)	欠佳	尚可	一般	良好	优异
男士	18~25	>115	105~114	98~104	89~97	<88
	26~35	>117	107~116	98~106	89~97	<88
	36~45	>119	112~118	103~111	95~102	<94
	46~55	>122	116~121	104~115	97~103	<96
	56~65	>119	112~118	102~111	98~101	<97
	65+	>120	114~119	103~113	96~102	<95
女士	18~25	>125	117~124	107~116	98~106	<97
	26~35	>128	119~127	111~118	98~110	<97
	36~45	>128	118~127	110~117	102~109	<101
	46~55	>127	121~126	114~120	103~113	<102
	56~65	>128	118~127	112~117	104~111	<103
	65+	>128	122~127	115~121	101~114	<100

二、锻炼目标

锻炼目标应根据锻炼者不同的身体状况来确定，可分为近期目标和远期目标。此外，确定锻炼目标还应结合锻炼者的运动意向、愿望、兴趣，以及本人的健康状况等因素来进行。

（一）近期目标

近期目标是指锻炼者初期应达到的目标。在进行运动前，应首先明确锻炼目标，即近期目标。选择一两个健康体适能构成要素，作为未来两个月内努力完成的目标，而且应从成功概率较高的构成要素开始，并将预期两个月后要达到的目标做上记号，如提高某个或某些关节的活动幅度，增强某块肌肉或某肌肉群的力量等。

（二）远期目标

远期目标是指锻炼者最终要达到的目标。实践证明，经过科学合理的锻炼，锻炼者是可以达到一般的远期目标的，如提高心肺功能，使其达到优秀的等级，或达到降血脂和防治高血压、冠心病的目的等。

三、运动负荷

运动负荷即运动量。怎样控制运动量、合适的运动时间是多少等，一直是有争议的问题。但有一点是可以肯定的，任何的意见和建议，都需要综合考虑锻炼者的身体状况和所要达到的目标，并以此为依据来制订科学的身体锻炼计划。

(一)运动强度

在运动过程中，运动强度过小，无法达到锻炼效果；运动强度过大，不仅达不到最佳的锻炼效果，还可能产生一些副作用，甚至出现意外事故。确定运动强度有两种方法，即心率简易推测法和主观感觉疲劳分级表推测法。

1. 心率简易推测法

(1) 年龄在 20 岁左右的年轻人，身体健康，能坚持体育锻炼，欲进一步提高身体机能，可取最大心率值（最大心率值 =220- 年龄）的 65% ～ 85%。

(2) 年龄在 45 岁以下，身体基本健康，有运动习惯者，开始进行健身锻炼，可取最大心率值的 65% ～ 80%；没有运动习惯者，开始进行健身锻炼，可取最大心率值的 60% ～ 75%。

(3) 年龄在 45 岁以上，身体基本健康，有运动习惯者，开始进行健身锻炼，可取最大心率值的 60% ～ 75%；没有运动习惯者，建议根据自身情况咨询专业人员来指导和确定运动强度。

2. 主观感觉疲劳分级表推测法

运动的疲劳程度大致分为 10 级，具体为：0 ～ 1 级，没感觉；2 ～ 3 级，尚轻松；4 ～ 5 级，稍累；6 ～ 7 级，累；8 ～ 9 级，很累；10 级，精疲力竭。因此，健身锻炼的运动强度应控制在主观感觉疲劳程度的 4 ～ 7 级之间。

(二)运动频率

运动频率是指每日及每周锻炼的次数。一般每周锻炼 3 ～ 4 次，即隔日锻炼 1 次即可。充足的休息时间可使机体得到充分的休息，能收到更好的锻炼效果。

(三)运动持续时间

运动强度和运动持续时间决定了一次锻炼的运动量和热量消耗。运动持续时间与运动强度成反比，运动强度大，运动持续时间可相应缩短；运动强度小，则运动持续时间相应延长。一般的健身锻炼，运动持续时间以每天 20 ～ 60 分钟为宜，其中包括准备活动时间、健身锻炼时间和整理活动时间。每次健身锻炼应在 20 分钟以上，锻炼可一次性完成，也可分段进行，但每段活动时间应在 10 分钟以上。

第二节 运动价值

运动价值是人们一直在探讨的问题。一般认为，运动具有两个方面的价值，即健身价值和心理价值。身体和精神的健康是相互依存的，伴随着身体功能的改善，精神状况也能同时得到改善。

一、健身价值

健身价值在于提高体适能。体适能包括心肺耐力素质、肌肉力量素质、柔韧性素质和身体成分等。体适能的发展是积极从事锻炼的结果，只有规律性的体育锻炼才能达到最佳的体适能。

（一）提高心肺耐力素质

心肺耐力是指全身肌肉进行长时间运动的持久能力，是体内心肺系统对身体各细胞的供氧能力。人体的心脏、肺、血管、血液等组织的功能是心肺耐力的基础，与氧气和营养物质的输送以及代谢物的清除有关。健全的心肺功能是健康的基本保证。

系统的体育锻炼，可以使心肌增厚，收缩力加强，心室容积增大，从而使心脏的泵血功能增强，表现为心血输出量增加，心脏的能力得到提高。

系统的体育锻炼，也可使呼吸系统机能得到提高，表现为呼吸肌力量增强，肺活量、肺通气量明显增加，呼吸系统的工作能力提高，同时还提高了向机体供氧的能力。

系统的体育锻炼，可以促进血管系统的形态、机能和调节能力，提高机体的工作能力。

系统的体育锻炼，可以使血液系统产生某些适应性变化，如血容量增加、血黏度下降、红细胞膜弹性增强、红细胞变形能力增强等。

（二）提高肌肉力量素质

肌肉力量是指肌肉最大收缩产生的对抗阻力或负荷的能力。肌肉力量只有达到一定程度，才能克服外界阻力，而克服外界阻力是维持日常生活自理能力，从事各种劳动和运动的必要前提。

系统的体育锻炼，可以提高肌肉的生理横断面积，改善神经系统对肌肉收缩的支配功能，还可以提高肌肉内代谢物质的储备量，以有效地提高肌肉质量，使肌肉力量得到提高。

（三）提高柔韧性素质

柔韧性是指人体各关节的活动幅度，即关节的肌肉、肌腱和韧带等软组织的伸展能力。柔韧性对于保证正常生活质量、维持正常体态、预防损伤发生和减轻损伤程度等方面均起着至关重要的作用。

通过系统的体育锻炼，可以延缓因年龄因素而导致的身体柔韧性下降，预防因缺乏运动而导致的关节结构、周围软组织和膝关节肌肉退化，从而使锻炼者在日常生活、劳动和运动时充满活力。

（四）改善身体成分

身体成分是指人体体重中的脂肪组织和去脂组织的重量百分比。身体成分中的脂肪成分增加，肌肉成分必然下降。身体中不具备收缩功能的脂肪组织增加，必然导致身体进行各种活动的能力下降、基础代谢水平降低和肥胖症、冠心病、高血压、糖尿病、高血脂等慢性疾病发病率的升高。因此，合理的身体成分是保证人体健康的重要内容之一。

系统的体育锻炼可以使锻炼者的体质得到增强，这样，热量消耗便会随之增加，进而燃烧体内多余的脂肪，使身体成分得到改善。而身体成分的改善，又可以减少体重对关节带来的不利影响，还可以使肥胖者的心理状况得到改善，增强其自信心，逐步建立健康的生活方式。

二、心理价值

研究证明，体育锻炼不但可以使锻炼者增强体质、促进身体健康、预防慢性疾病，还可以提高锻炼者的生活满意度和生活质量，对其心理健康产生明显的积极影响。

体育锻炼的心理健康效应主要表现在以下 6 个方面：

（一）改善情绪状态

1. 短期效应

研究发现，体育锻炼对人的情绪状态具有显著的短期效应。运动后人们的焦虑、抑郁、紧张和心理紊乱程度显著减轻，而精力和愉快程度则显著增强。这种情绪的迅速变化，与锻炼者个体的健康状况、活动形式和活动强度等有直接的联系。

2. 长期效应

体育锻炼对人情绪的长期效应有直接影响，与不锻炼者相比，有规律的锻炼者在较长时期内很少会产生焦虑、抑郁、紧张和心理紊乱等情绪。

（二）完善个性行为特征

人的行为特征一般可以分为两种类型，用 A 型行为特征和 B 型行为特征来表示。A 型行为特征主要表现为性情急躁、争

表 2-2-1 A、B 型行为特征表现

A 型行为特征者常见表现	B 型行为特征者常见表现
约会从来不迟到	对约会很随便
竞争意识很强	竞争意识不强
别人要讲话时总爱抢先或插话	别人讲话时是很好的听众
总是匆匆忙忙	即使有压力也从不匆忙
等待时缺乏耐心	能够耐心等待
做事全力以赴	处事漫不经心
同时想做很多事	在一定时间里只做一件事情
讲话喜欢加重语气，甚至敲桌子	讲话语速缓慢、不慌不忙
做了好事希望能得到别人的承认	只要自己满意即可，不管别人怎么想
吃饭、走路都很快	没什么业余爱好
不善与人相处	为人随和
容易暴露自己的情感	能控制自己的感情
具有广泛的兴趣	满足于目前的工作和学习状况
胸怀雄心壮志	做事情很慢

强好胜、容易激动、整天忙碌等；B 型行为特征主要表现为不好竞争、不易紧张、不赶时间、待人随和、喜欢自由自在等。具有 A 型行为特征的人由于过度紧张的情绪反应，会引起内分泌失调，增加心脏病发病的概率。目前的一些研究主要集中在体育锻炼对改变 A 型行为特征的作用方面。研究结果表明，有规律的体育锻炼能明显改变 A 型行为特征，使其发生显著的积极变化。见表 2-2-1。

（三）确立良好的自我概念

自我概念是指个体对自己身体、思想和情感的主观整体评价，由许多自我认识组成，包括我是什么人、我主张什么和我喜欢什么等。

坚持体育锻炼，可以使锻炼者体格强健、精力充沛、提高驾驭身体的能力，从而改善对自身的满意程度，确立良好的自我概念。

（四）改变睡眠模式

根据脑电图显示，人的睡眠可以分为两种状态，即慢波睡眠状态和快波睡眠状态，前者为浅度睡眠状态，后者为深度睡眠状态。一夜之间两种睡眠状态会交替发生 4 ～ 5 次。

有规律的体育锻炼不仅对慢波睡眠有改善作用，而且能缩短入眠的潜伏期，延长睡眠时间。

（五）改善认知能力

体育锻炼还能改善人的认知过程，避免反应时间过长、注意力不集中和思维混乱等症状的发生，尤其对老年人认知能力的改善效果更为明显。

（六）增强心理治疗效应

体育锻炼被公认为是心理治疗的好方法。目前，人群中常见的心理疾病是抑郁症和焦虑症。研究发现，体育锻炼是治疗抑郁症的有效手段之一。抑郁症患者经过有规律的体育锻炼，能显著减轻症状。

体育锻炼还具有治疗焦虑症的作用，通过有规律的体育锻炼，锻炼者的焦虑症状可以得到明显缓解。

第三节 运动保护

在运动过程中，人体机能会随时发生变化。因此，应针对这个特点来进行体育锻炼，也就是我们所说的运动保护。运动保护一般包括运动前准备、运动后放松和自我养护 3 个方面。

一、运动前准备

准备活动是指在正式运动之前进行的有目的的身体练习。做好充分的准备活动，可以缩短机体进入最佳状态的时间，同时还可以预防运动损伤的发生，为机体发挥最大的工作效率做好功能上的准备。

（一）准备活动的作用

1. 提高中枢神经系统兴奋状态

(1) 使大脑反应速度加快，参加活动的运动中枢神经间相互协调。

(2) 为正式运动时生理机能达到适宜程度提前做好准备。

2. 提高机体代谢水平

(1) 准备活动可以使锻炼者体温升高，降低肌肉黏滞性，使肌肉的伸展性、柔韧性和弹性增强，从而有效预防运动损伤的发生。

(2) 准备活动可以增强体内代谢酶的活性，使物质代谢水平提高，以保证运动时有较充分的能量供应。

3. 克服内脏器官生理惰性

(1) 准备活动可以提高心血管系统和呼吸系统的机能水平，使肺通气量及心血输出量增加。

(2) 可以使心肌和骨骼肌的毛细血管扩张，使其工作肌获得更多的氧，从而克服内脏器官的生理惰性，使之尽快达到最佳状态。

4. 增加皮肤毛细血管血流量

准备活动可以使皮肤毛细血管的血流量增加，运动后毛细血管扩张，有利于散热，降低体温，有效防止正式活动时由于体温过高而影响运动能力。

(二) 准备活动的要求

1. 准备活动的时间

(1) 准备活动的时间可以根据运动项目的具体情况确定，一般以 10 ～ 30 分钟为宜。

(2) 准备活动与正式运动的间隔时间，一般以不超过 15 分钟为宜，可以在做完准备活动后立刻进行正式运动。

2. 准备活动的强度

(1) 准备活动的强度和量应较正式运动小，以免引起疲劳。

(2) 准备活动的量可以由心率决定，心率以 100 ～ 120 次 / 分钟为宜。

(三) 一般性准备活动

一般性准备活动的内容多以伸展运动开始，然后进行一般性的跑步、徒手体操等活动。

下面介绍一套常用的一般性准备活动操，供锻炼者运动前使用。这套活动操主要包括头部运动、肩部运动、扩胸运动、体侧运动、体转运动、髋部运动和踢腿运动等。

1. 头部运动

两手叉腰，两脚左右开立，做头部向前、向后、向左、向右，以及绕环运动。见图 2-3-1。

图 2-3-1

2. 肩部运动

手扶肩部，屈臂向前、向后绕环，以及直臂绕环。见图 2-3-2。

图 2-3-2

3. 扩胸运动

屈臂向后振动及直臂向后振动。见图 2-3-3。

图 2-3-3

4. 体侧运动

两脚左右开立，一手叉腰，另一臂上举，并随上体向对侧振动。见图 2-3-4。

图 2-3-4

5. 体转运动

两脚左右开立，两臂体前屈，身体向左、向右有节奏地扭转。见图 2-3-5。

图 2-3-5

6. 髋部运动

两脚左右开立，两手叉腰，髋关节放松，向左、向右 360 度旋转。见图 2-3-6。

图 2-3-6

7. 踢腿运动

两臂上举后振，同时一腿向后半步，重心置于前腿，两臂下摆后振，同时向前上方踢腿。见图 2-3-7。

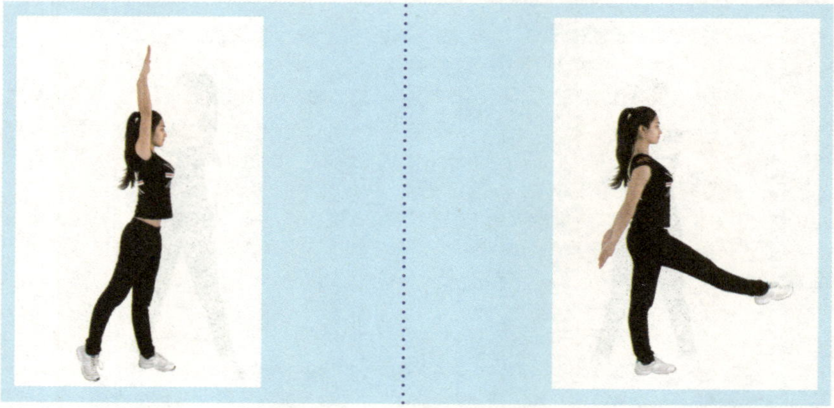

图 2-3-7

二、运动后放松

运动后放松是指运动后进行的一些能够加速机体功能恢复的、较轻松的身体活动。与运动前的准备活动相反，其目的是使锻炼者的生理机能水平逐步得到恢复。

(一) 放松方法

1. 运动性手段

(1) 运动结束后，锻炼者可采用变换运动部位的方法来消除疲劳，如上肢出现疲劳时可做一些慢跑运动，下肢出现疲劳时，可做一些上肢运动。

(2) 转换运动类型也是一种不错的放松方法，如打羽毛球出现疲劳时可做瑜伽来达到放松的目的。

(3) 还可以用调整运动强度的方法来缓解疲劳，如可以在放松过程中，采用小强度的轻微运动方法等。

2. 整理活动

(1) 整理活动是指运动后所做的一些能够加速机体功能恢复的身体活动，如剧烈运动后进行 3 ～ 5 分钟慢跑或其他整理活动，使身体机能得以恢复。

(2) 剧烈运动后若不做整理活动而骤然停止动作，会影响氧气的补充和静脉血的回流，使机体血压降低，引起不良反应。见图 2-3-8。

(二) 注意事项

1. 在进行整理活动时动作应缓慢、放松，运动量不要过大，否则会引发新的疲劳。

2. 在进行整理活动时，应当保持心情舒畅、精神愉悦。

图 2-3-8

三、自我养护

锻炼后，锻炼者感觉身体疲劳是一种正常的生理现象，是体育锻炼过程中的正常反应。随着体育锻炼时间的延长，疲劳症状自然会消失。运动性疲劳出现后，锻炼者如果采用一些自我养护措施，可以加速身体机能的恢复，尽快消除疲劳，提高锻炼效果。常见的自我养护方法主要包括运动后休息、合理营养和物理手段。

(一)运动后休息

1. 静止性休息

(1) 静止性休息是指锻炼者运动后保持机体相对静止的状态，以促进身体机能恢复，尽快消除疲劳。

(2) 静止性休息的最佳方式是睡眠，特别是刚开始从事锻炼者，身体不适应或疲劳症状明显时，更应该保证充足的睡眠，否则，锻炼者虽然积极参加了体育锻炼，但收效甚微，甚至会导致过度疲劳症状的发生。

(3) 静止性休息更适合消除全身运动导致的整体疲劳症状。见图 2-3-9。

图 2-3-9

2. 积极性休息

(1) 积极性休息更适合由于少量肌肉群参与工作而导致的局部疲劳，或运动强度较大而导致的快速疲劳。

(2) 积极性休息可以加速血液循环，有利于代谢物排出体外，对促进身体机能的恢复具有明显的效果。见图 2-3-10。

图 2-3-10

(二)合理营养

小强度、长时间的运动形式，主要是靠糖原的有氧代谢提供能量。运动后应及时补充淀粉类食物，如面粉、大米等，以促进糖原的合成。随着人民生活水平的提高，在饮食结构中，肉类食品的比重不断增加，而淀粉类食品的比重逐渐减少，这一现象应当引起人们的注意。特别是老年人参加体育锻炼，更应注意对淀粉类食物的补充。

强度较大、时间又相对较长的运动形式，主要是靠糖原的无氧代谢提供能量。这样，糖原无氧代谢产物——乳酸便会在体内大量堆积。因此，运动后应多补充蔬菜、水果等碱性食品，以加速乳酸的清除，尽快消除疲劳。见图 2-3-11。

图 2-3-11

（三）物理手段

1. 按摩及牵拉

（1）通过按摩刺激神经末梢、皮肤结缔组织和毛细血管，可以使紧张的肌肉得以放松，从而改善局部组织，加速全身的血液循环，达到促进身体机能恢复的目的。这种方法可以在锻炼后马上进行。

（2）此外，还可以采取缓慢牵拉肌肉的方法，使收缩的肌肉得到充分的伸展放松。见图 2-3-12。

图 2-3-12

2. 水疗及电疗

（1）水疗包括芬兰式蒸汽浴、热水浴和桑拿浴等多种形式，主要作用是通过提高体温促进血液循环，清除代谢物，以达到尽快消除疲劳、恢复体力的目的。

（2）水疗的时间一般以不超过 30 分钟为宜，如果时间过长，会进一步消耗体力，严重时甚至会出现暂时性脑缺血现象。

（3）如果条件允许，还可以对疲劳的肌肉进行低频治疗。低频治疗仪的原理是模拟针灸疗法，使用时将电极用不干胶对称地粘贴在运动部位表皮上。这种疗法可以促进局部血液循环，改善组织代谢，缓解肌肉酸痛，消除疲劳。

3 第三章 基本技术

手球运动和其他球类运动一样，基本技术是提高运动水平的基础，只有掌握全面、熟练、准确、实用的技术，在比赛中才能提高个人的攻击和防守的实战能力，才能更好地组织机动灵活的战术。基本技术包括进攻技术和防守技术等。

第一节　进攻技术

进攻技术即在手球比赛中，队员在组织进攻时所运用的技术，包括移动技术、持球与传接球技术、运球技术、射门技术和突破技术等。

一、移动技术

移动技术是改变人体位置、姿势、方向和速度的方法，是队员在比赛中应用最多的一项基本技术。比赛中，运用各种移动技术的实质就是为了争取时间和空间上的主动，占据有利的进攻和防守位置。移动技术包括站立姿势、起动、跑、切入步法、跳、急停和转身、交叉步等。

（一）站立姿势

1. 动作方法

（1）两脚左右或前后自然分开站立，两膝略屈，身体重心落在两脚前脚掌上。

（2）上体略向前倾，两肘略弯曲，自然地放在身体两侧。

（3）抬头，目视来球方向。见图 3-1-1。

图 3-1-1

2. 技术要点

身体要弹动，保持既稳定又机动的站立姿势。

3. 错误纠正

站立时易出现重心放在全脚掌上或上体直立等问题。因此，应明确动作概念，加强腰腹力量练习。

4. 伤害预防

为减少对各关节和韧带的伤害，站立时，应注意站立姿势和身体的弹动，加强腰腹力量。

（二）起动

★静止时起动

1. 动作方法

(1) 在站立姿势基础上，上体迅速前倾，以跑动方向的异侧脚（或后脚）的前脚掌内侧，做短促有力的蹬地，迅速向前跑去。

(2) 利用蹬地的反作用力，迅速向跑动的方向迈步，同时上体向跑动方向移动重心。见图 3-1-2。

图 3-1-2

2. 技术要点

(1) 起动时的前两三步，步幅要小，两臂用力摆动，起动时的步频要短促而快速，动作要快，以获得最大的初速度。

(2) 重心适当降低。

3. 错误纠正

起动时易出现控制不好身体重心或重心上下起伏等问题。因此，应加强腰腹力量，提高髋关节的灵活性，降低重心，改进蹬地脚脚掌着力部位。

4. 伤害预防

为减少对踝关节和韧带的伤害，移动时，应控制好身体重心，加强腰腹力量的训练，明确动作概念，提高腿部力量，适当降低重心。

★行进间起动

1. 动作方法

与原地起动的动作方法基本相同，跑动中突然以跑动方向的异侧脚（或后脚）的前脚掌用力蹬地，迅速完成落地和蹬地动作，加快跑动速度。见图 3-1-3。

2. 技术要点

(1) 上体略前倾，两臂加速前后摆动，使腿部动作协调一致。

(2) 重心适当降低。

图 3-1-3

3. 错误纠正

起动时易出现控制不好身体重心或重心上下起伏等问题。因此，应加强腰腹力量，提高髋关节的灵活性，降低重心，改进蹬地脚脚掌着力部位。

4. 伤害预防

为减少对踝关节和韧带的伤害，移动时，应控制好身体重心，加强腰腹力量的训练，明确动作概念，提高腿部力量，适当降低重心。

（三）跑

★侧身跑

1. 动作方法

（1）跑动时，头部和上体向来球方向扭转，两臂弯曲，自然摆动，脚尖和肩部朝着前进方向，两眼除密切注视球外，还要经常环视场上情况，两手随时准备接球。

（2）直线侧身跑时，面向球，转体侧肩。

（3）弧线侧身跑时，向右拉开弧线跑，右膝深屈，左脚用力蹬地，重心右倾，右肩在前，左肩在后。见图 3-1-4。

图 3-1-4

2. 技术要点

(1) 腰、腹、腿、脚踝和脚掌应协调用力，控制好身体的重心及平衡。

(2) 面向球转体，切入方向的内侧腿深屈，外侧脚用力蹬地，重心内倾。

3. 错误纠正

移动时易出现动作衔接不到位或节奏变化不明显等问题。因此，应慢速体会各种技术动作，明确动作概念。

4. 伤害预防

为减少对踝关节和韧带的伤害，移动时，应控制好身体重心，增强下肢力量的训练，改善脚、踝或膝的用力方法。

★变速、变向跑

1. 动作方法

(1) 变快跑时，上体迅速前倾，重心前移，后脚用力蹬地，加速前进。

(2) 变慢跑时，上体抬起，前跨步幅略大些，使速度减慢下来。

(3) 变向跑时，如向右变向，最后一步左脚迈出时要屈膝，脚尖略向里转，重心下降，接着左脚迅速用前脚掌内侧蹬地，同时上体向右转，继续前进。见图 3-1-5。

2. 技术要点

腰、腹、腿、脚踝和脚掌应协调用力，控制好身体的重心及平衡。

3. 错误纠正

移动时易出现动作节奏变化不明显等问题。因此，应慢速体会各种技术动作，明确动作概念。

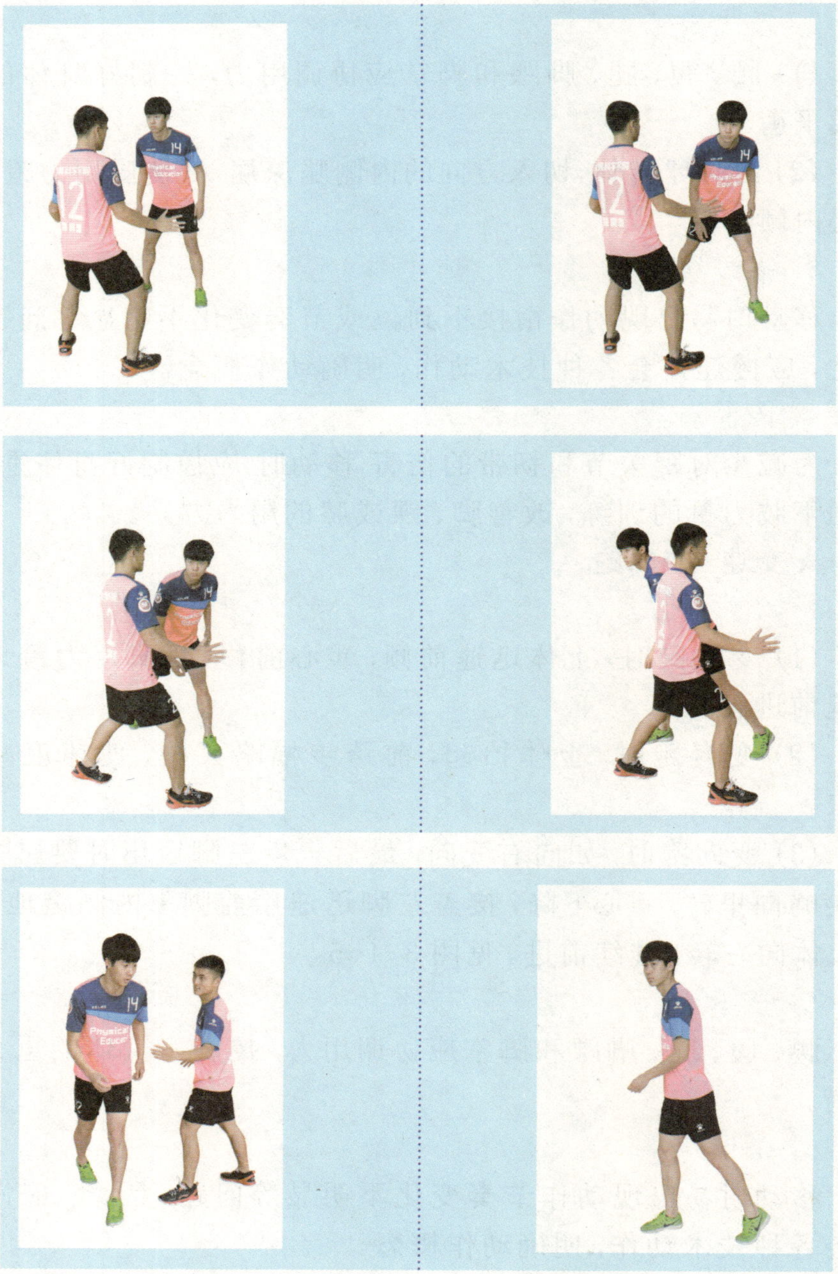

图 3-1-5

4. 伤害预防

为避免对踝关节和韧带造成伤害，移动时，应控制好身体重心，增强下肢力量的训练，改善脚、踝和膝的用力方法。

★快速弧形跑

1. 动作方法

跑动时，上体略向球门区方向倾斜，两手自然置于体前，做快速弧形跑动。见图 3-1-6。

图 3-1-6

2. 技术要点

(1) 身体重心不应太高，步幅不要太大，目视球，并环视周围的情况，跑动时，脚不允许踩球门区线。

(2) 在快速跑动中，应控制好身体重心，脚步要扎实有力，腰腿用力，保持身体稳定，以利于对抗。

3. 错误纠正

移动时易出现动作节奏变化不明显等问题。因此，应慢速体会各种技术动作，明确动作概念。

4. 伤害预防

为避免对踝关节和韧带造成伤害，移动时，应控制好身体重心，增强下肢力量的训练。

(四) 切入步法

1. 动作方法

(1) 面对防守，右脚向右侧前方跨出，做出向右突破的架势，诱使防守向左侧移动。

(2) 右脚蹬地，身体向左摆动，向左侧前方跨出。

(3) 左脚向前跨出超越防守，支撑或踏跳进行传球或射门。见图 3-1-7。

图 3-1-7

2. 技术要点

切步动作要短促而快速，步幅不要太大，频率要快，整个动作是一种急进状态。

3. 错误纠正

移动时易出现动作衔接不到位或节奏变化不明显等问题。因此，应慢速体会各种技术动作，明确动作概念。

4. 伤害预防

为避免对踝关节和韧带造成伤害，移动时，应控制好身体重心，增强下肢力量的训练，改善脚、踝和膝的用力方法。

（五）跳

1. 动作方法

(1) 屈膝，降低重心，蹬地时踝、膝和髋关节快速伸展。

(2) 起跳时，踏跳腿的脚跟先着地，并迅速屈膝，过渡到脚掌用力蹬地，同时摆臂提腰，另一腿屈膝上提，借以增加跳起的高度与远度。

(3) 当腾空到最高点（或前上方最远点）时，身体动作协调、舒展，便于完成动作。

(4) 落地时，踏跳腿用前脚掌先着地，并屈膝缓冲，保持身体平衡，便于进行下一个动作。见图 3-1-8。

2. 技术要点

跳起腾空时，腰腹用力，两脚放松并往上提，增加在空中的滞留时间，保持身体平衡。

3. 错误纠正

起跳时易出现身体未完全展开或蹬伸不充分等问题。因此，应反复练习起跳动作，体会发力动作顺序。

图 3-1-8

4. 伤害预防

为减少对踝关节的伤害，起跳时，应注意做好准备活动，加强腿部力量的训练。

（六）急停

★跨步急停

1. 动作方法

(1) 急停时，向前跨出一大步，同时重心下降，身体略向后坐，以减缓向前的冲力。

(2) 当第二步着地时，前脚掌内侧用力蹬地，身体略向侧转，两膝弯曲并向内收，上体略前倾，重心落在两脚之间。见图 3-1-9。

图 3-1-9

2. 技术要点

跨步急停动作的关键在于助跑的最后一步，摆动腿前摆，以脚跟支撑着地，最后滚动成脚掌着地，跨第一步或跳起落地前，上体略向后仰。

3. 错误纠正

急停时易出现身体前冲、重心不稳或重心未落在两脚上等问题。因此，应两膝略屈，腰部用力向后拉，以控制身体不再继续前冲，保持身体平衡。

4. 伤害预防

为减少对踝关节的伤害，急停时，应注意脚落地时要有弹性，适当缓冲，重心要稳。

★跳步急停

1. 动作方法

(1) 急停前，用单脚（或两脚）跳起，跳得不要太高。

(2) 上体略后仰，两脚平行或前后落地的同时，两膝弯曲，重心下降，落在两脚之间。见图 3-1-10。

图 3-1-10

2. 技术要点

腾空时上体略后仰，落地时前脚掌用力抵住地面。

3. 错误纠正

急停时易出现身体前冲、重心不稳或重心没有落在两脚上等问题。因此，应两膝略屈，腰部用力向后拉，以控制身体不再继续向前冲，保持身体平衡。

4. 伤害预防

为避免对踝关节造成伤害，应加强腿部力量，脚落地时要有弹性，适当缓冲，重心要稳。

(七) 转身、交叉步

★转身

1. 动作方法

(1) 转身前两膝略屈，上体略前倾，重心落在两脚之间。

(2) 转身时，重心先移到做轴心的脚上，并以脚的前脚掌为轴。

(3) 用移动脚的前脚掌内侧蹬地，上体转动做前转身。见图 3-1-11。

图 3-1-11

2. 技术要点

(1) 后转身时，用腰腹的力量协助转动。

(2) 无论是前转还是后转，在转身的过程中，都要注意保持身体平衡，不要上下起伏，以保证身体的稳定和转动的速度。

3. 错误纠正

移动时易出现身体重心和平衡控制不好或重心上下起伏大等问题。因此，应明确技术动作的使用时机，降低重心，提高腿部力量，在移动中加强对抗练习。

4. 伤害预防

为避免对踝关节造成伤害，转身脚落地时应注意缓冲。

★交叉步

1. 动作方法

(1) 上体自然正直，头抬起，两腿自然放松。

(2) 两脚蹬转起动，脚尖指向移动方向，重心下降平稳。

(3) 向异侧方向蹬地后，向前进方向交叉跨步，身体侧向移动。见图 3-1-12。

图 3-1-12

2. 技术要点

注意随时与其他攻防动作衔接。

3. 错误纠正

移动时易出现身体重心和平衡控制不好或重心上下起伏大等问题。因此，应明确技术动作的运用时机，降低重心，提高腿部力量，在移动中加强对抗练习。

4. 伤害预防

为避免对踝关节造成伤害，转身脚落地时，应注意缓冲。

二、持球与传接球技术

持球与传接球技术是传球、射门、突破、假动作等各种基本技术的基础。只有熟练地掌握正确的持球方法，才能做到一拿到球便可以迅速、准确和有力地把球射传出去。传接球准确，就可以组织灵活多变的战术配合，创造更多的射门机会。持球与传接球技术包括持球、传球和接球等。

（一）持球

★单手持球

1. 动作方法

（1）五指自然分开，依靠手指和手腕的力量拿住球。

（2）或五指自然分开，依靠五指前端的力量钳住球，整个手掌紧贴球体，不要把拇指张得过大。见图 3-1-13。

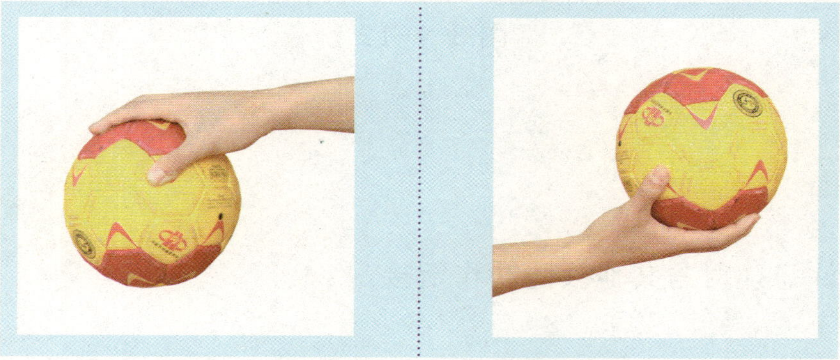

图 3-1-13

2. 技术要点

（1）拿球时注意掌心不要贴着球。

（2）不要为了扩大持球面积而把拇指张得过大，造成虎口紧张，致使出球只能靠四个手指的力量。

（3）持球不要过紧或过松，过紧会使手腕僵硬，过松则在挥臂时容易使球脱落。

3. 错误纠正

持球时易出现拇指张得过大，致使用不上力量，影响手腕的灵活性等问题。因此，应注意规范持球动作，体会技术要领。

4. 伤害预防

为减少对手指和手腕的伤害，应加强对手指和手腕的力量练习和柔韧性练习。

★双手持球

1. 动作方法

(1) 两手持球于胸和腹之间，五指自然分开，两拇指呈“八”字形。

(2) 两肘关节略外张，握球的两侧与后部，用手指和手掌的前沿接触球，为传球与射门做好准备。见图 3-1-14。

图 3-1-14

2. 技术要点

(1) 注意掌心不要贴着球。

(2) 持球不要过紧或过松，过紧会使手腕僵硬，过松则会在挥臂时使球脱落。

(3) 双手持球较单手持球牢固，尤其在持球突破时便于保护球，不易被防守者打落。

3. 错误纠正

双手持球时易出现持球过紧或手腕僵硬等问题。因此，应注意规范持球动作，体会技术要领。

4. 伤害预防

为避免对手指和手腕造成伤害，应加强对手指和手腕的力量练习和柔韧性练习。

（二）传球

★双手胸前传球

1. 动作方法

（1）开始时，双手持球于胸前，两脚前后自然开立，膝部略屈，上体略前倾，身体重心放在两脚上。

（2）传球时，身体重心前移，向前送髋，两臂迅速伸直，同时腕关节向上翻转，手指用力拨球。

（3）为增大出球力量，传球时任何一脚可向前迈一步。见图3-1-15。

图 3-1-15

2. 技术要点

传球时，送髋压肩的动作幅度和上臂的摆动幅度都很小，按蹬地、转体、挥臂和甩压腕的顺序发力。

3. 错误纠正

传球时易出现力量掌握不好或传球不到位等问题。因此，应注意传球的速度和落点，以队友接球舒服为宜，注意传球效果，使传出的球能及时、准确、合适地传送到队友手里。

4. 伤害预防

为避免对背部肌肉和肩部造成伤害，应注意加强肌肉力量和柔韧性的练习。

★跑动中传球

1. 动作方法

跑动过程中，上体转向传球方向，屈肘，扣腕，用手指拨球，将球传出。见图 3-1-16。

图 3-1-16

2. 技术要点

(1) 从引球到出球的动作一直在跑动中进行，整个动作的进行过程没有停顿时间，不影响进攻速度。

(2) 传球力量的大小应根据距离而定。

3. 错误纠正

传球时易出现力量掌握不好或传球不到位等问题。因此，应注意传球的速度和落点，以便于队友接球为宜，注意传球效果，使传出的球能及时、准确、合适地传送到队友手里。

4. 伤害预防

为避免对背部肌肉和肩部造成伤害，应注意加强肌肉力量和柔韧性的练习。

★单手肩上传球

1. 动作方法

(1) 两脚左右站立或前后站立，距离约与肩同宽，右手持球在肩上，右臂自然弯曲。

(2) 近距离传球时，略一引球即可用手腕的力量将球传出。

(3) 远距离传球时，加大引臂的幅度，蹬地转体，全臂挥甩，用全身力量进行传球。

(4) 中距离传球时，将球引至头部右侧略后的位置，上臂和前臂形成的夹角不要小于 90 度。

(5) 出球时，前臂和手腕快速向前下方挥甩，手指用力下压（主要是食指、中指和无名指），以鞭打动作将球传出。见图 3-1-17。

2. 技术要点

传球时，送髋压肩的动作幅度和上臂的摆动幅度都很小，按蹬地、转体、挥臂和甩压腕的顺序发力。

图 3-1-17

3. 错误纠正

传球时易出现力量掌握不好或传球不到位等问题。因此，应注意传球的速度和落点，以便于队友接球为宜，注意传球效果，使传出的球能及时、准确、合适地传送到队友手里。

4. 伤害预防

为避免对背部肌肉和肩部造成伤害，应注意加强肌肉力量和柔韧性的练习。

★单手头后传球

1. 动作方法

(1) 右手引球至右肩上方，做出肩上传球与射门的姿势。

(2) 引球的同时，左脚向前跨半步，上体向右转动，此时持球的右手腕外展，掌心对准传球目标，上臂不动，前臂屈摆，用快速屈腕和压指的力量将球从头部后方传出。见图 3-1-18。

2. 技术要点

掌心对准传球方向，屈肘、扣腕、手指拨球，靠腕关节控制传球的方向。

图 3-1-18

3. 错误纠正

传球时易出现方向控制不准等问题。因此，应注意用腕关节控制传球方向。

4. 伤害预防

为减少对肩部肌肉、手指和手腕的伤害，应加强肩部肌肉及手指、手腕的力量和柔韧性练习。

★ 单手背后传球

1. 动作方法

身体侧对接球队友，传球时手臂下垂，由体侧向后摆动，手掌对准传球方向，利用前臂和手腕、手指的屈甩力量将球传出。见图 3-1-19。

2. 技术要点

(1) 右手后摆至臀部时应急促扣腕，手指拨球，主要以屈动手腕的力量出球。

(2) 传球的准确性关键在于出手的时间，一般是手臂自然摆动，当手腕部分超过重心射影线时即可屈腕出球，挥臂与身体动作协调配合。

图 3-1-19

3. 错误纠正

背后传球时易出现方向控制不准等问题。因此，应注意用腕关节控制传球方向，屈腕过早，球的落点就低；屈腕过晚，球的落点就高。

4. 伤害预防

为避免对背部肌肉和肩部造成伤害，应注意加强肌肉力量和柔韧性的练习。

★单手体前甩传

1. 动作方法

(1) 双手持球开始，右手持球向左做传球动作，而后将球移至体前，右手腕迅速下旋，掌心向下，变为持球的上半部。

(2) 甩传时，前臂在腹前从左向右沿水平方向横摆，同时右腕向外旋转，利用指腕的抖甩力量将球传出。见图 3-1-20。

图 3-1-20

2. 技术要点

(1) 前臂向外侧急促甩腕，手指用力拨球。

(2) 前臂横摆的动作幅度不要太大，出球主要靠手腕的爆发力，传球手腕侧对传球目标。

3. 错误纠正

传球时易出现前臂横摆幅度过大或传球不准等问题。因此，应注意靠手腕的爆发力传球。

4. 伤害预防

为避免对前臂肌肉和腕关节造成伤害，应加强上肢肌肉力量和腕关节柔韧性的练习。

★反弹传球

1. 动作方法

传球时，双手持球屈臂后引，利用右臂的推送力量与手腕和手指的抖动力量使球通过地面反弹，再传给队友。见图 3-1-21。

2. 技术要点

(1) 反弹传球的击地点应由对方与接球队友的位置来定。

(2) 球的反弹高度以在接球队友的腰腹之间为宜。

(3) 传球时也可以用单手持球，利用手腕和手指的抖动力量，使球通过地面反弹传给队友。

3. 错误纠正

反弹传球时易出现球的击地点掌握不好或被对方断球等问题。因此，击地点应根据对方和接球队友的位置和距离确定，尽量避开防守的抢截。

图 3-1-21

4. 伤害预防

为避免对肩部肌肉、手指和手腕造成伤害，应加强肩部肌肉及手指、手腕的力量和柔韧性练习。

(三) 接球

★双手上手接球

1. 动作方法

(1) 接球时，两手迅速向来球方向伸出迎球，五指自然张开，指尖向上，两手呈勺形。

(2) 当球与手指接触时，立即用手指和手腕力量将球握住，两臂顺势后引，缓冲球的力量，将球置于胸前或肩上。见图3-1-22。

2. 技术要点

(1) 根据来球方向，手臂迅速调整位置，并注意保持正确的接球手形。

(2) 如果来球过高，可及时跳起，举臂接球。

图 3-1-22

3. 错误纠正

接球时易出现失误多或接不到球等问题。因此，应反复练习，掌握准确的传接球落点，提高移动传接球的能力。

4. 伤害预防

为避免对手指和肩部造成伤害，传接球时，应用力适当。反复练习传接球，提高对来球方向的准确性判断，适当缓冲，同时加强上肢力量的训练。

★双手胸前接球

1. 动作方法

(1) 接球前，面向来球，两脚前后站立，两膝略屈，身体重心落在两脚上，上体略向前倾。

(2) 接球时，用灵活的步法迅速调整接球位置，尽量使身体正面对准来球方向，并主动向来球迎去。

(3) 两臂向来球伸出，五指自然分开，指尖向上，拇指靠近，两手呈勺形。

(4) 当手与球接触的瞬间，迅速用手指和手腕力量将球握住，并顺势屈肘，以缓和球的冲力。见图 3-1-23。

图 3-1-23

2. 技术要点

根据来球方向，手臂迅速调整位置，并注意保持正确的接球手形，握球顺势缓冲。

3. 错误纠正

接球时易出现失误多或接不到球等问题。因此，应反复练习，掌握准确的传接球落点，提高移动传接球的能力。

4. 伤害预防

为避免对手指和肩部造成伤害，传接球时，应用力适当。反复练习传接球，提高对来球方向的准确性判断，适当缓冲，同时加强上肢力量的训练。

★双手下手接球

1. 动作方法

(1) 两臂下垂略向前伸，指尖向前下方，掌心向前，小指向无名指靠拢。

（2）球与手接触的瞬间，迅速后引，以缓和球的冲力。见图3-1-24。

图 3-1-24

2. 技术要点

如果来球过低，低于腰腹以下，应屈膝降低身体重心，调整手臂，挡住球的滚动路线。

3. 错误纠正

接球时易出现失误多，接不到球等问题。因此，应反复练习，掌握准确的传接球落点，提高移动传接球的能力。

4. 伤害预防

为避免对手指和肩部造成伤害，传接球时，应用力适当。反复练习传接球，提高对来球方向的准确判断，适当缓冲，同时加强上肢力量的训练。

三、运球技术

运球是手球运动的基本技术之一，是持球队员个人进攻推进时采用的技术方法，也是变换进攻速度、调节和转换动作以及寻找战机的手段。比赛中，合理的运球能够创造良好的进攻机会，给防守造成一定威胁。但不必要的运球，不仅会影响进攻速度，而且由于球体小、不易控制，还会造成失误。因此，在手球比赛中不提倡过多运球。运球技术包括直线运球和变向运球等。

（一）直线运球

1. 动作方法

(1) 五指自然分开，掌心向下，以肘关节为轴，前臂上下摆动，指腕柔和用力拍球，用手指和手腕控制球速和方向。

(2) 将球向前下方拍出，等球弹至与腹部齐高时，再用两手接住，并向前跑三步（不能跑三步以上），然后继续拍运。见图 3-1-25。

图 3-1-25

2. 技术要点

(1) 球反弹的高度不能低于腹部。

(2) 拍球和跑动步法要协调且有节奏。

3. 错误纠正

运球推进时易出现与步法动作不协调等问题。因此，应分清手球与篮球运球的区别，在运球中学会持球跑三步的动作。

4. 伤害预防

为避免对手指和踝关节造成伤害，运球时应判断准确，由慢到快反复练习，增强腿部力量的训练。

(二) 变向运球

1. 动作方法

向右变向运球时，手触球的左侧上方，将球运向身体的右前方，同时左脚向右前方跨出，右脚蹬地，上体右转，然后用右手拍按球的后上方，运球继续前进。见图 3-1-26。

2. 技术要点

改变手触球的部位，手脚协调配合。

图 3-1-26

3. 错误纠正

运球时易出现运球次数过多或球体积太小不易控制等问题。因此，应减少不必要的运球，注意脚步移动的熟练程度以及手脚的协调配合。

4. 伤害预防

为避免对手指和踝关节造成伤害，运球时应判断准确，由慢到快反复练习动作，增强腿部力量的训练。

四、射门技术

射门是手球运动的重要进攻技术,是组成战术的重要环节，也是得分的唯一手段。一切进攻技战术运用的最终目的，都是为了创造良好的射门机会，力争射中得分。因此，射门是手球运动中最重要、最关键的一项技术动作。射门技术包括原地射门、跑动中射门、交叉步射门、跳起射门和倒地射门等。

（一）原地射门

1. 动作方法

(1) 两手或单手持球于体前或体侧，左肩侧对球门，两脚前后开立，距离略比肩宽，目视球门，右手持球直接（或向下经由体侧画弧）引至右肩的后上方，右腿略弯曲，引球结束时，上臂与前臂形成 130 ～ 140° 的夹角，注意右肩要拉开。

(2) 射门时，右脚向后伸蹬，髋关节前送；身体重心随之移向左脚，髋关节边送边向出球方向扭转，并带动躯干左转，同时肩做前送和下压动作，右肩下压时，以右肩带动右肘向出球方向移动（肩领先于肘），同时持球手腕后屈，当右肘与身体平行时，前臂加速前摆，在前臂与地面约成 75° 夹角的瞬间，手腕急剧屈甩，手指用力下压（主要是食指、中指和无名指），以鞭打动作将球射出。

(3) 出球时，持球的右手掌对准出球方向，球顺着指尖方向离手。见图 3-1-27。

图 3-1-27

2. 技术要点

(1) 在肘前移时,注意腕关节不要用力(此时肘领先于腕)。

(2) 蹬、转、挥、甩一气呵成,自下而上发力,最后以鞭打动作出球。

(3) 出球高低与出球位置和手腕用力有关,出球的左右方向靠手腕的转动来调整,以使手掌对准目标。

3. 错误纠正

射门时易出现肩关节没有拉开、夹肘、蹬地转体与挥臂动作脱节或出球方向不准等问题。因此,应先做分解动作练习,熟练后逐渐过渡到完整的肩上射门练习,注意体会动作要领。

4. 伤害预防

为避免对肩部肌肉和韧带造成伤害,动作应放松,用力应协调,加强上肢肌肉力量的训练。

(二)跑动中射门

1. 动作方法

(1) 右脚落地前接球(或运球结束后接球),右脚落地,左脚向前迈步的同时,做引球动作。

(2) 右脚再向前迈步,当身体由右脚支撑时,球已经引至肩上,右脚用力蹬地,上体急速向左扭转,并带动手臂向前挥摆,将球射出。

(3) 左脚随着右臂出球动作向前迈出,球离手后落地,然后继续向前跑动。见图 3-1-28。

2. 技术要点

(1) 右手射门,是由同侧脚(右脚)支撑,并蹬地发力。

(2) 接球(或运球)、引球和射门动作要连贯,上下肢动作配合要协调一致。

(3) 在跑动中完成动作不能有停顿现象,必须是同侧脚支撑时出球，如果是异侧脚支撑出球，势必会破坏射门动作，出现动作停顿，影响发力。

图 3-1-28

3. 错误纠正

射门时易出现上下肢配合不协调或动作力量性差等问题。因此，应发展手腕、上肢和腰腹力量，反复练习，促进用力顺序协调合理。

4. 伤害预防

为避免对肩部肌肉和韧带造成伤害，应做好准备活动，并加强上肢肌肉力量的训练。

（三）交叉步射门

1. 动作方法

（1）左脚蹬地、右脚跨出腾空接球，右脚落地后，左脚前跨为第一步，身体略向右转，右脚在左脚前交叉，跨出第二步，右手持球由左手扶送，开始向肩上引球，身体支撑点落在右脚，紧接着左脚跨出第三步。

（2）左脚落地的同时，右脚用力蹬地，右手持球引至肩上，上体保持挺直，右脚继续蹬地转体，带动右臂向前挥甩。见图3-1-29。

图 3-1-29

2. 技术要点

(1) 步幅要大（约有一个半肩宽），交叉步的最后一步要有制动动作（近似急停动作），将身体刹住。

(2) 注意身体重心随着动作而移动到前脚，充分利用蹬地转体的力量。

(3) 三步交叉和发力出球应是连贯的，以借助跑动交叉的冲力，发挥更大的射门力量。

3. 错误纠正

射门时易出现上下肢配合不协调或动作力量性差等问题。因此，应发展手腕、上肢和腰腹的力量，反复练习，使得用力顺序协调合理。

4. 伤害预防

为避免对肩部肌肉和韧带造成伤害，应做好准备活动，并加强上肢肌肉力量的训练。

(四) 跳起射门（以向前跳起肩上射门为例）

1. 动作方法

(1) 以左脚起步动作开始，利用短促快速的三步助跑，左脚用力蹬地，向前上方跳起。

(2) 起跳时，上体前倾，左肩侧对球门，右腿自然后摆，右手将球引至右肩的后上方，肘关节自然伸展。

(3) 射门时，身体急剧向左转动，并带动右臂向前挥动，以鞭打式甩腕射门。

(4) 球出手后，起跳脚先落地。见图 3-1-30。

2. 技术要点

(1) 起跳时蹬地有力，引球时将臂拉开。

(2) 射门时，转体挥臂快速突然、协调连贯。

3. 错误纠正

射门时易出现上下肢配合不协调等问题。因此，应发展手腕、上肢和腰腹的力量，反复练习，使得用力顺序协调合理。

图 3-1-30

4. 伤害预防

为减少对肩部肌肉、韧带及踝关节的伤害，应做好充分的准备活动，并加强上肢肌肉和踝关节力量的训练。

（五）倒地射门

1. 动作方法

(1) 屈膝，降低身体重心，右脚先蹬地，将身体重心移到左脚，接着左脚伸蹬，使身体向球门方向倾倒，左脚前脚掌支撑地面，随着左脚向前上方伸蹬，身体迅速展开。

(2) 右手将球直接引至右肩的后上方，同时随身体右转，挺胸展腹，当身体倒至与地面约呈 40 度角时，背肌用力控制身体，上体向左转动，快速挥臂将球射出。

(3) 球出手后，左右手依次着地，屈臂缓冲，呈俯卧姿势。见图 3-1-31。

图 3-1-31

2. 技术要点

倒地的过程中，身体处于失去平衡的状态，需要肌肉群协同用力，控制身体动作的正常进行。

3. 错误纠正

倒地射门易出现身体失去平衡等问题。因此，应明确动作概念，反复练习，体会技术要领。

4. 伤害预防

为减少倒地射门对腕关节造成的伤害，倒地时，应注意背部肌肉群用力，左右手依次着地以起到缓冲作用。

五、突破技术

突破是持球队员灵活地运用脚步动作或结合运球，快速超越对方的一项攻击性很强的技术，是个人进攻的重要手段之一。比赛中，成功地突破防守，可在局部地区造成以多攻少的局面。在很多情况下，突破以后可以直接射门。因此，熟练地运用突破技术，增加个人的攻击能力，能打乱对方防守的布局，为队友创造良好的射门机会。突破技术包括徒手突破、持球突破和运球突破等。

(一) 徒手突破

1. 动作方法

不持球的进攻队员，运用灵活的脚步动作，改变速度和方向，并利用转身或假动作摆脱和突破对方。见图 3-1-32。

图 3-1-32

2. 技术要点

在移动中，可以利用速度的改变和跑动方向的突然变化，使防守者应变不及，从而达到摆脱和突破对方的目的。

3. 错误纠正

突破时易出现时机把握不好等问题。因此，应培养敢于突破的顽强作风和敏锐的突破意识。

4. 伤害预防

为减少对韧带的伤害，突破时踝关节力量要足，应加强下肢力量的训练。

（二）持球突破

1. 动作方法

单手或双手持球从左侧（防守者在右侧）突破时，右脚向防守者左侧跨出，上体略向右倾，以虚晃假动作引诱对方，随即变向切入，按左、右的顺序跨出两步，最后在左脚蹬地时迅速引球射门。见图 3-1-33。

图 3-1-33

2. 技术要点

（1）突破要快速、突然，保护好球，身体前倾角度不要过大，转肩动作要小，步幅不宜太大。

（2）突破时持球贴近腹部，不应过早引球，以免被防守者打掉。

3. 错误纠正

突破时易出现假动作晃动效果差等问题。因此，应加强传接球、射门和假动作等技术的结合练习，注意动作的衔接，提高动作的准确性。

4. 伤害预防

为减少对关节和韧带的伤害，突破时，力量要足，应加强上、下肢力量的训练。

(三)运球突破

1. 动作方法

面对防守者，右脚向右侧前方跨出，做出向右突破的架势，诱惑对方向其左侧移动，然后右脚蹬地，再向左侧前方跨出，紧接着左脚向前跨出，超越防守者，用左脚支撑或踏跳，进行传球或射门。见图 3-1-34。

2. 技术要点

运球快速、突然，注意保护好球，用远离防守者的手运球。

图 3-1-34

3. 错误纠正

运球突破时易出现时机把握不好等问题。因此，应提高观察力，持球队员要在抬头观察防守漏洞的空隙，判断防守者的意图和防守的位置和距离。

4. 伤害预防

为避免对韧带造成伤害，突破时，踝关节力量要足，注意加强下肢力量的训练。

第二节 防守技术

防守是指在比赛中合理地运用脚步移动、手臂动作和身体堵截，积极地抢占有利位置，阻挠和破坏对方的进攻，并以争夺控球权为目的的行为。防守技术是全队防守战术的基础，提高全队防守水平，必须提高队员的个人防守能力，即稳固、准确、熟练地掌握个人防守的基本技术。防守技术包括步法、防守对手、封球、拨打球、断球技术和守门员技术等。

一、步法

个人防守主要靠灵活、快速的脚步移动来防堵对方的进攻移动路线。因此，脚步动作的好与坏，是防守的关键。防守时，身体姿势要正确，准备随时向任何方向移动，身体与脚步动作要协调配合，整个动作就像弓满即发一样。步法包括攻击步、后撤步、滑步和交叉步等。

(一)攻击步

1. 动作方法

如右脚跨出，则左脚先用力蹬地，右脚迅速前跨，同时左脚及时跟上，贴近对方身前。见图 3-2-1。

图 3-2-1

2. 技术要点

蹬地与跨步动作衔接要快，身体保持稳定、用力。

3. 错误纠正

练习时易出现身体重心平衡与变化控制不好等问题。因此，应明确动作概念，反复练习，体会技术要领。

4. 伤害预防

为减少对韧带的伤害，应加强下肢力量的训练。

（二）后撤步

1. 动作方法

后撤步时，前脚掌内侧用力蹬地，随着蹬地的同时，腰部用力向后扭转，前脚同侧的手臂后摆，将前脚快速撤向斜后方。见图 3-2-2。

2. 技术要点

腰部用力，上体贴顶（规则允许）进攻队员身体，堵截对方切入。

图 3-2-2

3. 错误纠正

练习时易出现重心不稳等问题。因此，应动作放松，改进蹬地脚掌的用力部位和方法。

4. 伤害预防

为减少对韧带的伤害，踝关节力量要足，应加强下肢力量的训练。

（三）滑步

1. 动作方法

(1) 向右滑步时，左脚掌内侧用力蹬地，右脚向右跨出，身体重心右移，在右脚落地的同时，左脚向右侧滑动。

(2) 左脚再次蹬地，这样连续向右侧滑动。

(3) 如向左侧滑步，其动作方法相反。见图 3-2-3。

2. 技术要点

跨步与蹬地要快速而积极，滑动中身体保持平稳，不能上下起伏。

图 3-2-3

3. 错误纠正

练习时易出现重心不稳等问题。因此，应使动作放松，改进蹬地脚掌的用力部位和方法。

4. 伤害预防

为避免对韧带造成伤害，踝关节力量要足，应加强下肢力量的训练。

（四）交叉步

1. 动作方法

向左做交叉步移动时，左脚掌内侧蹬地，身体重心向右移，右脚在体前与左脚交叉，右脚落地的同时，左脚掌外侧用力蹬地，并向移动方向跨步。见图 3-2-4。

2. 技术要点

向异侧方向蹬地，向前进方向交叉跨步，身体要侧向移动。

3. 错误纠正

练习时易出现上体不直或动作不连贯等问题。因此，应放松跑动，两臂自然摆动，目视来球。

图 3-2-4

4. 伤害预防

为避免对韧带造成伤害，应加强下肢力量的训练，并做快速移动的耐力训练。

二、防守对手

防守对手是防守队员运用脚步移动积极抢占有利位置，干扰和破坏对方进攻的动作。手球规则规定，用身体阻拦对方持球或不持球队员的行动路线是合法动作，但用手臂或两腿阻挡对方移动则是不合法动作，应判罚任意球。防守对手包括防守无球队员和防守持球队员。

（一）防守无球队员

1. 动作方法

（1）两脚平行或前后开立，略比肩宽，两膝弯曲，身体重心落在两脚之间，上体略前倾，两上臂自然下垂，前臂在体侧平举。

(2) 在进行特殊防守时(如混合防守和边线防守),为了不让对方向球移动,应两脚前后站立,身体面向对方,用余光注视球,把重点放在防守的对方队员身上。见图 3-2-5。

图 3-2-5

2. 技术要点

头要抬起,视野要宽广,始终保持有弹性的起动状态,以便迅速地左右滑动,调整防守位置。

3. 错误纠正

防守时易出现顾人不顾球、顾球不顾人或换人意识不够等问题。因此,应明确动作概念,人球兼顾,加强换人意识的培养。

4. 伤害预防

为避免对肌肉造成伤害,防守时,应注意加强对关节力量的训练,增强适应能力。

(二) 防守持球队员

1. 动作方法

(1) 如果对方是右手射门,防守时左脚在前,两脚前后侧开立，左臂上举挥动，干扰对方举球射门，右臂向体侧伸展，堵截对方突破。

(2) 防守善于在外线进行远距离射门的队员时，在对方接球的瞬间，尽量接近对方，选位偏向投掷手一侧，破坏其接球后的身体平衡，使其不能起步和抬手射门。

(3) 防守善于突破的外线持球队员时，选位可略远些，两膝屈曲，上体正直，两脚呈斜步防守，两臂向体侧张开，以扩大防守面积。

(4) 防守善于突然射门的进攻队员时，应采用特殊的防守方法，先发制人，尽可能地贴近他，使他接不到球，对方一旦接到球，就应积极移动，紧逼死盯进行封堵，迫使他将球传给其他进攻队员。

(5) 在内线队员接球后，防守者应主动抢占有利位置并贴近他，不让他轻易出手或射门。见图 3-2-6。

2. 技术要点

抢占正确位置，与队友配合，最大限度地破坏和影响对方射门、突破和传球等各项技术的运用。

图 3-2-6

3. 错误纠正

防守时易出现防守位置不对、把握不住上顶时机或被对方假动作欺骗等问题。因此，应集中精力，反复练习，明确动作概念，体会技术要领。

4. 伤害预防

为避免对肌肉造成伤害，防守时，应注意加强对关节力量的训练，增强适应能力。

三、封球、拨打球与断球技术

封球、拨打球与断球是防守中具有攻击性的技术。大胆、果断、准确地运用这些技术，能直接破坏对方进攻，为反击创造有利条件。准确的判断、迅速突然地移动和合理的手部动作是完成封球、拨打球与断球的基础。

（一）封球

★正面封球

1. 动作方法

在正确判断的基础上，迅速抢占有利防守位置，两手靠拢，两臂迅速伸出，对准出球位置和方向，用两手或两臂挡住球。见图 3-2-7。

图 3-2-7

2. 技术要点

判断准确，起动快速果断，及时举臂封球。

3. 错误纠正

封堵时易出现时机掌握不好或脚步移动不到位等问题。因此，应明确动作概念，准确判断，快速起动，随时伸手封球。

4. 伤害预防

为避免对肩部肌肉和韧带造成伤害，封堵球时，应注意脚步移动要到位，加强对关节力量的训练，增强适应能力。

★侧面封球

1. 动作方法

（1）原地侧面封球：对方从侧面射门时，向封球方向跨出一步，缩短与对方的距离进行封球，封球时两臂充分伸展。

（2）跳起侧面封球：对方从侧面跳起射门时，根据自己与对方的距离，可采用原地向侧面跳起、跨步向侧面跳起或交叉步向侧面跳起等动作进行封球。

（3）跑动中侧面封球：对方快速反击射门时，可在快速退守的跑动中，跑至与对方平行的位置，靠近对方投掷臂一侧的手臂向前上举。见图3-2-8。

图 3-2-8

2. 技术要点

判断准确，起动快速果断，及时举臂封球。

3. 错误纠正

封堵时易出现时机掌握不好或脚步移动不到位等问题。因此，应明确动作概念，准确判断，快速起动，随时伸手封球。

4. 伤害预防

为避免对肩部肌肉和韧带造成伤害，封堵球时，应注意脚步步移动要到位，加强对关节力量的训练，增强适应能力。

（二）拨打球

1. 动作方法

看准球的部位和反弹角度，以及引球和出手的路线，手臂迅速伸出，手腕灵活，用急拨轻挑动作将球打掉。见图 3-2-9。

图 3-2-9

2. 技术要点

（1）打运球时，要判断准确，动作及时，并控制好身体重心。

(2) 手腕要灵活，不要太用力，注意动作的准确性，不要打对方的手臂，以免被判罚七米球。

(3) 打球动作不要过猛，即使打不着球，也能迅速地恢复到原来的防守位置，以防对方乘机绕过。

3. 错误纠正

打球时易出现动作过猛、打不着球或控制不好身体重心等问题。因此，打球时动作幅度不要过大，应准确、及时、快速，并适当降低重心，保持身体平衡。

4. 伤害预防

为避免对肩部肌肉和韧带造成伤害，拨打球时，应注意脚步移动到位，加强对关节力量的训练，增强适应能力。

(三) 断球

1. 动作方法

(1) 选择能控制对方传球路线的位置，屈膝降低身体重心，目视转移中的球。

(2) 当对方的球传出瞬间，重心迅速前移，以短而快的助跑和蹬地使身体跃出，同时两臂前伸，将球截获。

(3) 也可以用两手接球或用单手向前拍击球，以便顺势及时地转入进攻。见图 3-2-10。

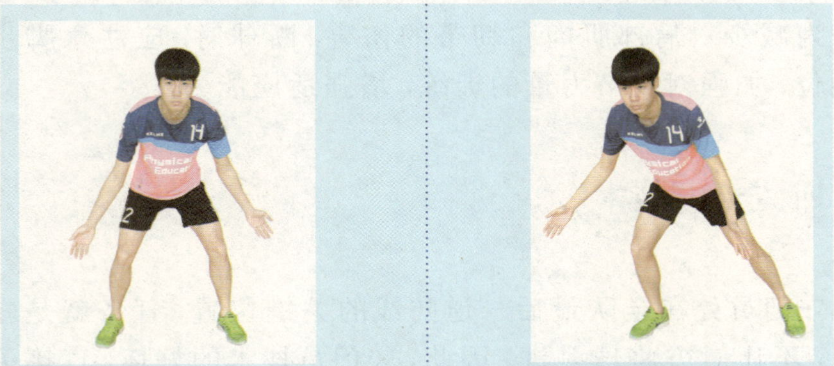

图 3-2-10

2. 技术要点

断球前要隐藏自己的意图，断球动作要果断，身体充分伸展。

3. 错误纠正

练习时易出现过早暴露意图，造成断球失误或者重心过大而失去平衡等问题。因此，应准确判断，降低重心，快速起动，保持身体平衡。

4. 伤害预防

为减少对肩部肌肉和韧带的伤害，断球时，应注意脚步移动到位，加强对关节力量的训练，增强适应能力。

四、守门员技术

守门员处在全队最后一道防线的关键位置，任务就是守住球门，不让对方将球射进。因此，守门员技术的好坏，直接关系到比赛的胜负。一个优秀的守门员，不仅要掌握全面的守门员技术，而且还应具备良好的战术意识，得球后能抓住时机，迅速而准确地发动快攻反击，为本队创造更多、更好的快攻得分机会。守门员技术包括手挡球、脚挡球和掷球等。

（一）手挡球

1. 动作方法

（1）单手挡球：来球方向的异侧脚用力蹬地，近球一侧的脚向侧前方迈步，同时伸展上体和手臂，球触手时前臂和手腕紧张用力、内旋下压，将球挡在球门区内或挡出端线外。

（2）两手挡球：两臂前伸，两手靠拢，五指自然张开，掌心向着来球方向，与接球动作相似，在手接触球的一刹那，前臂迅速后引，手腕下压，按拍球的上部，将球挡落在体前，并迅速拾起球，准备掷球快攻。见图 3-2-11。

2. 技术要点

单手挡球用于挡偏离身体一侧较远的不同高度的来球。

3. 错误纠正

挡球时易出现手腕过于放松或用手指挡球等问题。因此，应明确动作概念，反复练习，体会动作要领。

图 3-2-11

4. 伤害预防

为避免对关节、肩部肌肉和韧带造成伤害，挡球时，应在身体全面发展的基础上，重点加强速度、灵活性和柔韧性的身体素质训练，注意提高反应与判断能力。

(二) 脚挡球

1. 动作方法

(1) 以右脚挡球为例，左脚掌内侧用力蹬地，右脚向来球方向伸出，脚尖外转，以脚内侧部位对准球，用小腿内侧或脚内侧挡球。

(2) 脚伸出挡球时，展髋，右膝屈曲。见图 3-2-12。

图 3-2-12

2. 技术要点

出脚时贴近地面，不要抬腿，以免踩球或漏球。

3. 错误纠正

挡球时易出现时机把握不准、出脚太高、踩球或漏球等问题。因此，应判断准确，出脚迅速。

4. 伤害预防

为减少对髋、膝、踝等关节肌肉和韧带的伤害，应明确动作概念，注意多做牵拉和柔韧性练习。

（三）掷球

1. 动作方法

（1）守门员接到球后，把球传给最有利位置上的队友，经常采用的是垫步或交叉步肩上掷球方法。

（2）身体重心要平稳，引臂幅度不应太大，主要靠前臂和手腕的力量迅速将球掷出。见图 3-2-13。

图 3-2-13

2. 技术要点

掷球要有速度，球飞行的弧度不要过大，落点要准确。

3. 错误纠正

掷球时易出现身体重心不稳或引臂幅度太大等问题。因此，应保持身体重心的稳定性，控制好引臂幅度，掌握好掷出球的落点，强调动作的速度、幅度与准确性。

4. 伤害预防

为避免对肩部肌肉和韧带造成伤害，掷球时，应增强肌肉力量，避免掷球时拉伤，在全面发展身体的基础上，提高灵活性与反应速度，增强爆发力。

4 第四章 基础战术

手球运动是激烈的竞赛活动，为了在比赛中获得良好的成绩，队员必须合理运用个人与集体的战术配合。战术的选择与执行，应从自己和对方的具体情况出发，并能根据比赛中的复杂变化而采取相应的战术。在比赛中运用各种战术时，每个队员都应该知道各种战术的内容和目的，也应该知道战术运用的条件和方法。基础战术包括小组战术、全队进攻战术、防守反击与快攻战术、任意球进攻与防守任意球战术和守门员战术等。

第一节 小组战术

在训练中，首先应练好小组战术。小组战术是全队战术的基础，是整体战术的局部配合。任何一套全队战术打法都由多个小组战术所组成。在基本掌握小组战术的前提下，再进行全队战术训练。特别是在现代手球比赛速度加快、对抗激烈的情况下，局部配合更显威力。小组战术包括突分配合、传切配合、交叉换位配合、掩护配合和策应配合等。

一、突分配合

突分配合是持球队员运用突破和传球技术所组成的简单配合。

1. 战术方法

持球队员利用突破和射门假动作技术打乱对方的部署，为邻近的队友创造无人防守的机会，并及时传球给他们进行射门或其他进攻。如：6 号队员持球突破对方 2 号队员后，遇到对方

7 号队员补防时，行进间将球传给位于内线的 5 号队友射门。见图 4-1-1。

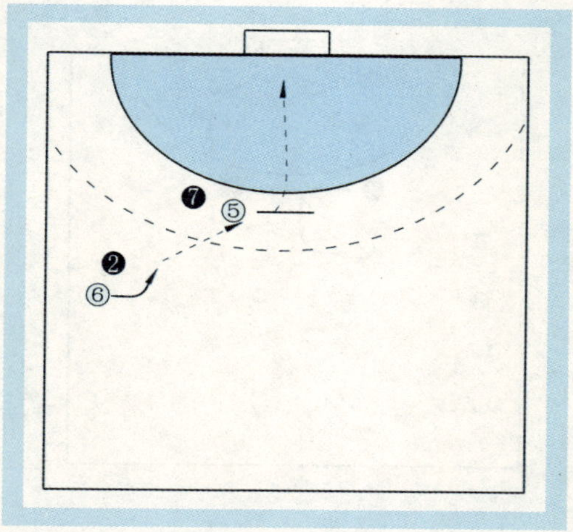

图 4-1-1

2. 战术要点

6 号队员的突破动作要快、狠，直逼球门，遇对方 7 号队员补防时，及时将球传给 5 号队员，5 号队员则应积极选位，准备接球。

二、传切配合

传切配合是利用传球和切入技术组成的简单配合。

1. 战术方法

进攻队员传球后，突然起动或结合变向摆脱对方快速切向球门，接队友传回来的球进行攻击。因此，又叫“两次传球”战术。它包括一传一切和空切。如：2 号队员持球向对方 3、4 号队员的中间防区切入，3、4号队员“关门”时，2号队员行进间将球传给6号队员切入射门。见图4-1-2。

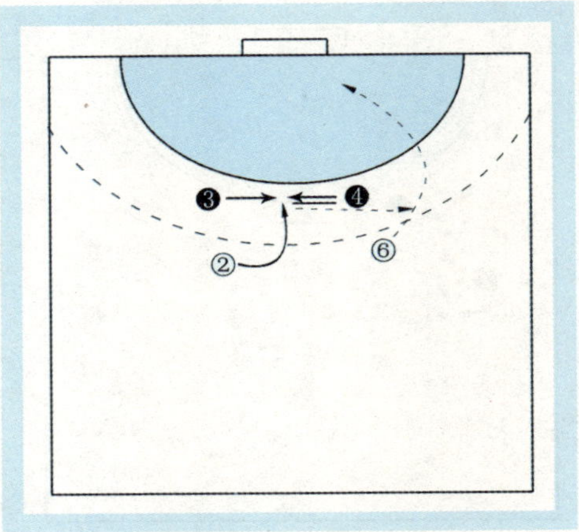

图4-1-2

2. 战术要点

2号队员切入时要快、狠，迫使3、4号队员移动协防，6号队员徒手切入的起动动作要突然，2号队员传球时，应根据队友的距离和速度控制球的力量与提前量。

三、交叉换位配合

交叉换位配合是利用队员之间的交叉跑动互换位置和传接球技术组成的简单配合。

1. 战术方法

进攻队员在对方防线前交叉跑动、互相交换位置，借以打乱对方的防守部署，使其在防守交接上产生错误或压缩其防区，达到突破和射门的目的。如：3号队员持球斜线切入，与本队 2 号队员进行交叉换位的传接球。见图 4-1-3。

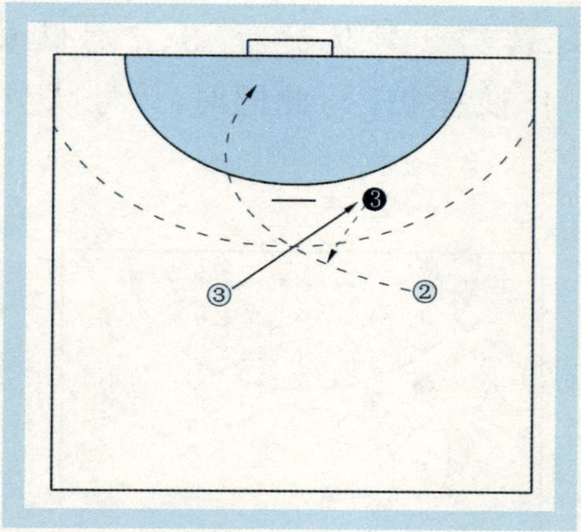

图 4-1-3

2. 战术要点

3 号队员切入用右手持球；3 号队员的动作在先，2 号队员与 3 号队员的交叉换位在后；3 号队员传球时的力量与落点以不影响 2 号队员接球后的动作为宜；行进间接球切入要果断、快速；3 号队员要准备接 2 号队员的回传球。

四、掩护配合

掩护配合是以自己身体的合理动作，阻截防守队员的移动路线，使队友摆脱防守，达到进攻目的的配合方法。根据自己与被掩护者的身体位置和方向的不同，可采用前掩护、侧掩护和后掩护等。

(一)前掩护

1. 战术方法

3 号队员将球传给 2 号队员后，3、7 号队员同时跑向对方 5、6 号队员面前，作前掩护，与此同时，2 号队员进行跳起射门。见图 4-1-4。

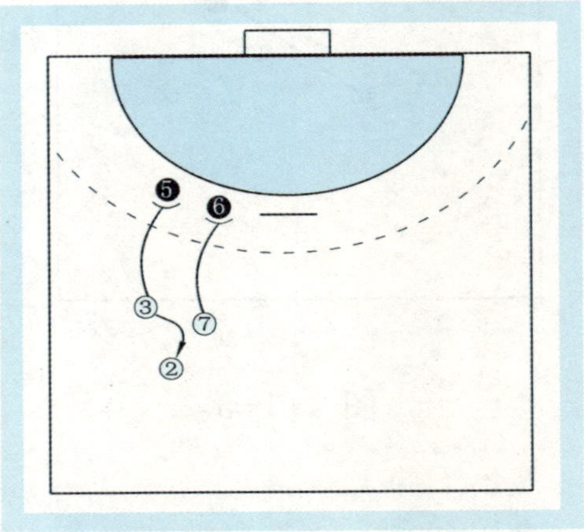

图 4-1-4

2. 战术要点

3 号队员与 7 号队员的掩护意图要隐蔽，动作要快速，站位于 5、6 号队员向前移动的路线上，2 号队员接球后利用 5、6 号队员被阻的瞬间，果断、及时地进行射门。

(二)侧掩护

1. 战术方法

在 6 号队员持球直切的同时，4 号队员站在对方 5 号队员的侧面，6 号队员变向利用 4 号队员的掩护切入。见图 4-1-5。

2. 战术要点

4 号队员的掩护与 6 号队员的切入在时间、位置上要配合默契，过早或过晚都达不到战术目的。当 4 号队员一旦到达掩护的位置，6 号队员就要立即从 4 号队员的侧面切过去。

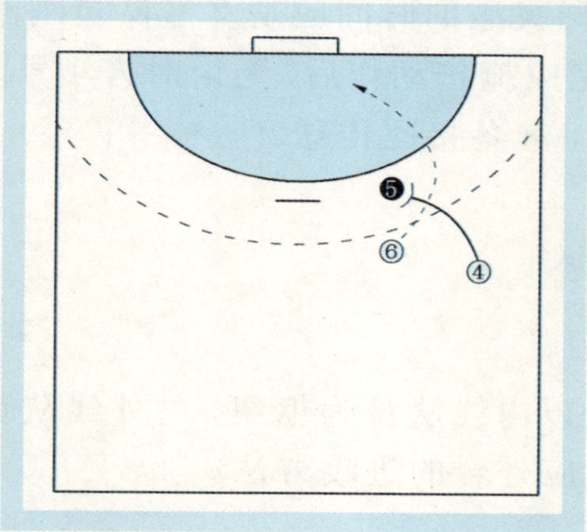

图 4-1-5

(三)后掩护

1. 战术方法

5 号队员持球时，2 号队员移站位于对方 3 号队员的身后，5 号队员突破，对方 4 号队员移动补防，2 号队员转身接 5 号队员的回传球。见图 4-1-6。

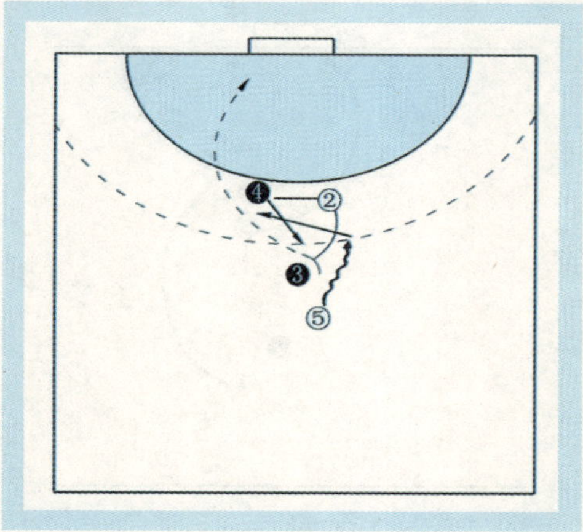

图 4-1-6

2. 战术要点

5 号队员持球突破的时间应是 2 号队员刚刚到达掩护的位置时，2 号队员完成掩护动作后，无论对方 4 号队员补防与否，都应后转身抢位，准备接回传球。

五、策应配合

策应配合是以内线队员为枢纽，与外线队员的空切相配合而形成的一种里应外合的进攻方法。

1. 战术方法

4 号队员将球传给内线的 5 号队员以后，摆脱对方 2 号队员的防守，切入接 5 号队员的回传球射门。遇对方 3 号队员补防时，4 号队员可将球传给身后的 5 号队员射门。见图 4-1-7。

2. 战术要点

4 号队员传球给 5 号队员后的摆脱要及时、突然，5 号队员回传球给 4 号队员后，无论对方 3 号队员补防与否，都应转身抢位，准备接回传球。4 号队员的回传球应该在行进间完成。

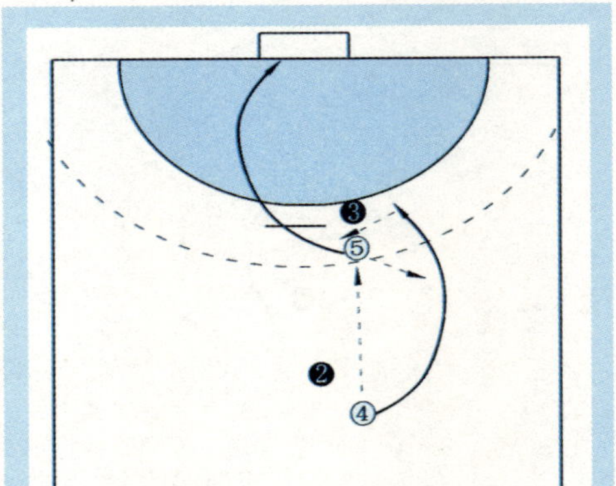

图 4-1-7

第二节 全队进攻战术

进攻战术一般分为四个阶段：反击、扩大反击、组织进攻和阵地进攻。在激烈的比赛中，进攻战术千变万化，有时只需一个阶段就能射门得分，有时经过了四个阶段也未必就能射门成功。进攻就像大海的浪潮一样，一浪接一浪。反击长传快攻，被称为第一浪潮；扩大反击短传快攻，被称为第二浪潮；组织进攻，被称为第三浪潮；最后是阵地进攻，被称为第四浪潮。

一、反击

反击采用长传快攻的方法，是比赛主要得分手段之一，被喻为进攻的第一浪潮。打出漂亮的反击，是现代手球运动发展的趋势。

1. 战术方法

进攻射门未果，守门员得球后由防守转为进攻，展开强大的攻势。反击的特点就是快。

2. 战术要点

在防守反击过程的第一浪潮中，每名队员的任务应根据个人技能条件来确定。至少应有1名技术全面、具有较宽视野的队员参与。

二、扩大反击

扩大反击采用短传快攻的方法。这一阶段是第一浪潮的继续，被喻为进攻的第二浪潮。

1. 战术方法

如果对方采取快速退守、严密防守快下边锋的方法时，守门员应及时将球传给球门区附近的其他队友，由中路短传快速推进，仍坚持打快攻，两边锋仍应沿着边线跑向前场。这样，既可牵制对方的防守，又可扩大攻击面。

2. 战术要点

在练习中，要从实战需要出发，对每一个配合的练习，都应考虑时机、方向、动作、时间的合理性及突然性，以提高配合质量。

三、组织进攻

组织进攻是第二浪潮的继续，又称为进攻的第三浪潮。

1. 战术方法

由于对方快速退守，扩大反击已难有成效，这时，核心队员应发出信号，通过控制球战术，如回传、运球或换位等方法，调整进攻位置，尽快到位，并乘防守立足未稳，继续进攻。

2. 战术要点

组织进攻的过程不宜拖长，一旦发现防守有漏洞，应果断地展开攻击，以取得出奇制胜的效果。

四、阵地进攻

对防守队所组织的完整而稳定的阵形进行攻击即是阵地进攻。一场手球比赛，阵地进攻与快攻的比例一般为4：1或3：1。因此，阵地进攻是十分重要的战术。

1. 战术方法

阵地进攻时，首先要观察对方所采用的是哪种防守阵形，在了解每一种防守阵形特点的情况下，避实击虚，以快速的转移球和积极的穿插跑动调动与分割对方的防守，打乱其防御部署，按照预定的配合方案，内外结合、远近结合、中边结合，展开连续性的攻击，力争在局部地区内造成以多打少的优势。阵地进攻的基本阵形有6：0（一线进攻），1：5、2：4、3：3（均为两线进攻）四种。下面以6：0基本阵形为例介绍其战术要点。

6：0基本阵形是指6名队员按照位置分工，在任意球线外，面对球门呈弧形排列，组成6人一线的进攻阵形。见图4-2-1。

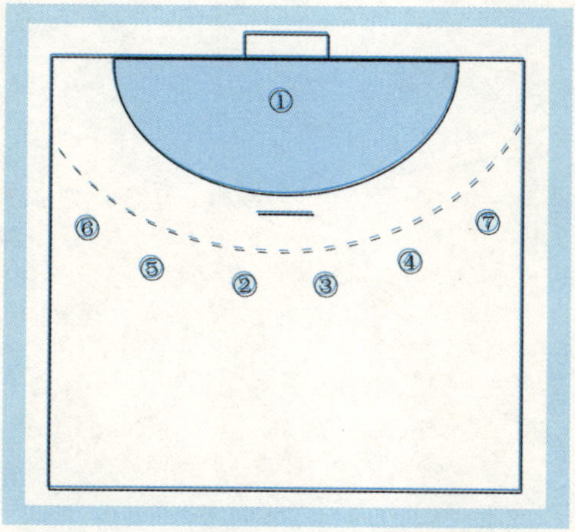

图 4-2-1

2. 战术要点

进攻时，落位要尽量远些，以拉开对方的防线，并不断地进行快速转移传球，增加对方调整防守队形的困难，趁其移动不及，乘隙突破防线进行射门。要不停地跑动，穿插换位，以冲击对方的防线，制造其防守上的漏洞，获得良好的攻击机会。

在进攻区域联防中，要善于抓住防守的强弱地区与环节，合理运用战术方法进行攻击。应加强中远距离射门，迫使对方扩大防线，为内线创造进攻机会。

移动防守要快速到位，配合手臂动作，对持球队员施行卡臂，对内线要进行拦挡，注意防守的质量要求。进攻队员相互传球应由慢逐渐加快。

第三节 防守反击与快攻战术

防守反击与快攻战术攻势锐利，攻击时间短，结束快，成功率高。它充分体现出积极主动和快速灵活的风格，是我国手球进攻战术的突出特点。实践证明，快攻是“以小打大”的有效手段之一。因此，应大力提倡和积极发展这种战术。

一、防守反击

防守反击是由防守迅速转为进攻的战术。这也是球队得分和获得胜利的主要手段之一。

1. 战术方法

利用防守中出现短暂的被动或者“无序”局面，例如，对方防守队员尚未到达自己的防区即争取射门，以结束进攻。这时，可以采用有目的的进攻动作，造成射门机会。有目的地加快比赛速度，以控制比赛的节奏，使对方队员处于体力和心理的双重重压之中。

2. 战术要点

快速防守反击往往使对方措手不及，造成被动挨打的局面。

二、快攻

快攻是防守反击常用的手段，是由守转攻时，以最快的速度和最短的时间，果断而合理地进行攻击的一种速战速决的进攻组织形式。它是手球运动进攻战术中的重要组成部分，是提高进攻成功率的重要手段。快攻本身体现了手球运动积极和快速的特点。由于它的突然和快速，往往容易争得比赛的主动。快攻的组织形式有长传快攻和短传快攻两种。

（一）长传快攻

1. 战术方法

长传快攻是两名队员利用奔跑的速度和队友的长传球来完成快攻配合的，一般只经过发动阶段的一传和结束阶段的射门。其方法简单、速度快、时间短、成功率高。长传快攻主要在守门员获球后或掷任意球时发动。

守门员掷门球发动快攻：守门员挡截对方的射门，发出一传，即为第一浪潮的开始，这时两个边锋应快速跑向前场。守门员的长传反击快攻具有较大的突然性，对方来不及回防。因此，其威胁大，成功率很高。

掷任意球发动快攻：进攻队违例或犯规，由防守队掷任意球进攻，此时，正是对方处于防御中最薄弱的退防阶段，应当迅速发动反击快攻。掷任意球由距掷球地点最近的队员在对方退守布防之前迅速进行。

2. 战术要点

面对防守要保持冷静的头脑，抓住时机。完成快攻的关键是“快”，以快速的动作和巧妙的配合争取时间，抢占位置，射门得分。

（二）短传快攻

1. 战术方法

短传快攻是防守队员获球后，立即以快速的奔跑和短距离的传接球进行攻击的战术方法。由于反击时队员站位分散，参加快攻的人多，配合灵活，机动性强，所以效果较好。短传快攻可以由守门员发动，也可以由场上其他队员发动。

2. 战术要点

快攻由发动与接应、推进和结束三个部分组成。

发动与接应：为加快第一传时的速度，掷球队员必须扩大视野，观察接应队员所在地区的情况，及时准确地将球传出。接应队员则应迅速占据有利的接球位置。其他队员在中场附近机动地接应二传，以避免因前后脱节而中断快攻。

推进：快攻的推进应有明显的层次，全队形成多个三角形，便于球的转移与接应。推进中球的传递要快速而准确。

结束：快攻的发动与接应和推进都是为快攻结束时的无阻挡射门创造条件。如果这一关键环节解决得不好，不但快速反击的一切努力都功亏一篑，而且还会遭到对方的防反攻击。

第四节 任意球进攻与防守任意球战术

手球比赛中,由于攻守双方的激烈争夺是在球门区前进行,因此会发生大量的身体接触,被判罚任意球的机会也较多。规则规定:掷任意球队员可以不经裁判员鸣笛直接射门得分。因此,任意球的进攻与防守成了手球战术中的一个重要组成部分。

一、任意球进攻

比赛中,应当充分地利用每一次掷任意球的机会,按照规则掷任意球时,防守队必须离开持球队员3米,此时场上成死球局面。因此,进攻队可以充分利用这一时机组织战术配合,以获得较好的攻击效果。

1. 战术方法

2号队员持球,与3、4号队员背向球门,并列于任意球线外,2号队员将球传给6号队员后,三人同时后退压缩防线,造成前掩护,6号队员接球后跳起超手射门。见图4-4-1。

2. 战术要点

2号队员与6号队员之间的衔接要紧密,6号队员接球后,在三人后退的同时起跳射门。起跳射门动作要果断、快速。

掷罚任意球配合要组织和发挥本队高大射手的射门威力。如果射门机会成熟，又无防守干扰，应该直接射门得分，切勿追求不必要的配合，避免弄巧成拙，贻误战机。

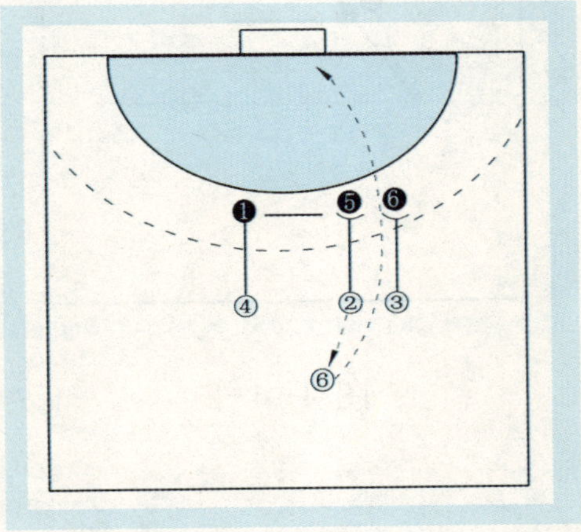

图 4-4-1

二、防守任意球

比赛时，对方常在任意球线前获得掷任意球的机会，使防守处于被动地位。因此，必须迅速地采取措施组织防线。

1. 战术方法

在对方 6 号队员可能直接射门得分时，由 2、3 号队员组成“人墙”，并和守门员取得配合，封锁球门的一侧，使对方难以直接射门得分。

如 6 号队员将球传出，组墙的 2、3 号队员应迅速采取相应措施，破坏对方的配合。见图 4-4-2。

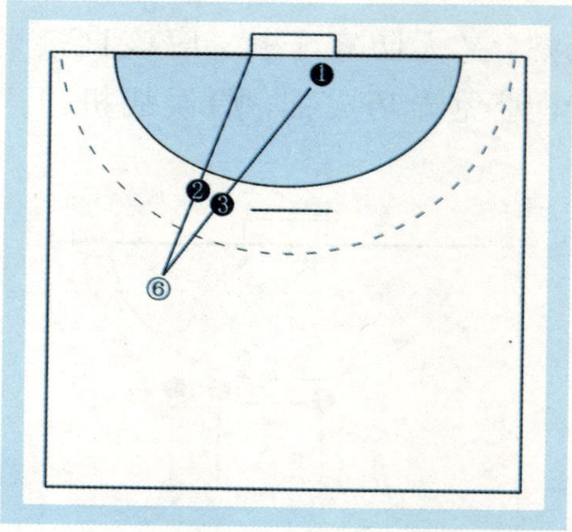

图 4-4-2

2. 战术要点

组成人墙的队员速度要快，与守门员配合不留死角，最好由一名队员固定担任指挥，当对方罚任意球的队员将球传出时，组墙的队员迅速采取相应的措施，调整防守位置，盯住自己的防守对象，而且要明确由谁冲出去封堵射门队员。另外两名队员与守门员分工守住球门的两角，远离球的防守队员则应略向中间聚集。

第五节 守门员战术

在比赛中，根据对方射门距离的远近、射门角度、射门方法等因素决定守门员的战术。一个战术意识较强的守门员，能合理地运用技术，依靠个人的努力和队友的密切配合完成全队防守的任务。

一、传球

守门员的主要任务是守住球门，但是一半左右的长传快攻是由守门员发动的。守门员接球后，首先要观察场上情况和队员分布，把球传给最有利位置上的队友。

1. 战术方法

如守门员扑救出对方射来的球后，便立即发动快攻，及时有效地通过长传和短传的形式，把球传给队员，发动一传快攻和追击快攻，成为进攻的组织者。如1号守门员挡截球后，不失时机地将球传给全速跑向（过）中线的边锋7号队员，边锋接球后运球射门。见图4-5-1。

2. 战术要点

传球时，身体重心要平稳，引臂幅度不应太大，靠前臂和手腕的力量将球传出。传出的球要有速度，球的飞行弧线大小取决于防守队员的追防情况。他与接球队员距离近，则弧度与提前量略大，反之则小，但是无论如何，守门员传球都应控制好球的落点。

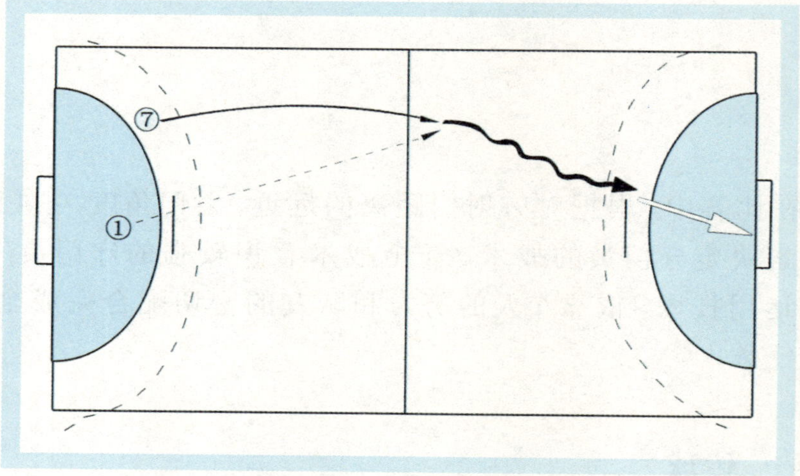

图 4-5-1

二、假动作

守门员的假动作是依靠身体的晃动或其他变换位置的方法来迷惑对方的，以使其射门不准。

1. 战术方法

对方球出手时，迅速保持基本站立姿势和正确的防守位置，主要依靠反应与判断进行防守。在防守七米球与时间差射门时，假动作如果用得巧妙，能收到一定的效果。

2. 战术要点

假动作应在对方射门前的一刹那来做，过早、过晚以及无目的地滥用假动作，将会引起不良的效果。

三、与防守队友配合

守门员防守球门，仅仅依靠自己的力量是不够的，必须依靠集体的力量，根据场上情况，正确选择自己的位置，与队友进行防守。

1. 战术方法

迎封堵射门的队员时，防守队员应堵防投掷手或举起两手封锁球门的一侧，守门员则应根据情况向左或右移动，拦截可能射往球门另一侧的来球。当对方发动一传快攻时，守门员可出球门区，充当狙击手，破坏对方进攻，起到攻击性防守的作用。

2. 战术要点

守门员防守时，应始终目视对方手中的球，不可被队友挡住视线，以免看不见对方射门时的出球方向。

5

第五章

比赛规则

制定各项运动的比赛规则，有助于全民健身运动的深入开展。比赛参与者应该了解运动规则的基本知识，以使自己在比赛过程中游刃有余地发挥技术水平。比赛观赏者也只有在了解基本规则的前提下，才能够充分体验观赏比赛的乐趣。

第一节 比赛方法

参赛队员要按照一定的方法进行比赛，并须遵循一定的规则，以使比赛有序进行。

一、球队人数

一个队最多由12名队员组成，同时上场的队员人数不得超过7人，其他队员为替补队员。场上必须自始至终有1名守门员。被认定为守门员的队员可以随时成为场上队员。同样，场上队员也可随时充当守门员。

二、比赛时间

比赛分为两个半时，每个半时为30分钟，中间休息10分钟。如果在正常比赛时间结束时双方打成平局，而又必须决出胜负的，则在休息5分钟后进行决胜期的比赛。决胜期由两个5分钟组成，中间休息1分钟。

三、得分

进一球则得 1 分，得分多的队为获胜方。双方得分相同或均未得分则为平局。

四、单打

1. 比赛开始时，如掷币获胜的队选择开球，对方有权选择场区。

2. 下半时双方交换比赛场地，且由上半时没有开球的队开球。

3. 每个决胜期前均应掷币选择开球或场区。

4. 得分后，由得分队的对方开球，重新开始比赛。

5. 开球在比赛场地中央进行，可掷向任何方向，在鸣哨后 3 秒钟内必须将球掷出。

6. 在每半时比赛开始时（包括决胜期），所有队员必须位于各自的半场，但在得分后开球时，双方队员可以位于任何一个半场。

五、暂停与换人

（一）暂停

在正常的比赛时间内，每队每半时可有一次 1 分钟的球队暂停。

(二) 换人

只要被替补队员已离开场地，替补队员即可不通知计时员和记录员，随时、重复进场参加比赛。所有队员都应该在本方换人区进出场地。

第二节 裁判方法

在比赛过程中，裁判员通过履行其职责，进行正确的裁判工作，来保证比赛的公平、公正。

一、裁判员

每场比赛应由2名权力相等的裁判员负责，由1名计时员和1名记录员协助工作。

（一）裁判员

2名裁判员共同负责比赛，保证比赛按规则进行，对所有犯规和违例进行判罚。

（二）计时员和记录员

1. 计时员主要负责掌握比赛时间、暂停和受罚队员的受罚时间。

2. 记录员主要负责球队队员名单、记录表的填写，对迟到队员和无权参加比赛的队员进行登记等。

二、判罚

(一) 球门区

只允许守门员进入球门区，对进入球门区的场上队员判罚如下：

1. 持球进入球门区时，判罚对方任意球。

2. 未持球进入球门区，但获得利益时，判罚对方任意球。

3. 防守队员进入球门区，并破坏了一次明显得分机会时，判罚对方七米球。

(二) 边线球

1. 判罚

如果球的整体越过边线，或者越过防守队的外球门线，应判边线球。

2. 执行

(1) 由球出界前最后触球队的对方执行掷边线球。

(2) 应在球出界的地点执行掷边线球，如果球越过外球门线，则在球出界的一侧边线与外球门线交界处执行。

(3) 掷球队员必须一只脚踏在边线上，直到球离手为止，不得将球放在地上后再捡起来，或是拍球后再接住。

(4) 掷边线球时，对方队员必须距离掷球队员至少 3 米。

(三) 球门球

1. 判罚

下列情况判球门球：

(1) 守门员在球门区内控制球时。

(2) 球越过外球门线且最后是由守门员或对方队员触球时。

2. 执行

(1) 球门球由守门员从球门区将球掷出球门区线。

(2) 球门球掷出后，在球触及其他队员之前，守门员不得再次触球。

(四) 任意球

1. 判罚

在出现下列情况时，判对方掷任意球：

(1) 拥有球权的队犯规必须剥夺其球权时。

(2) 防守队由于犯规而使进攻队丢失球权时。

2. 执行

(1) 掷任意球时，原则上在犯规的地点执行，但根据有利原则，有些情况下要在比赛中断时球所在的位置执行。

(2) 任意球不能在本方球门区内或对方的任意线内执行，在任何情况下，当犯规违例出现在以上两个区域时，掷任意球的位置必须移至上述区域外最近的地点。

(3) 一旦队员持球站到正确地点准备掷球，就不得将球放在地上后再捡起，或是拍球后再接住。

(4) 在球离手前，进攻队队员不得触及和越过防守队的任意线。

(5) 掷任意球时，防守队员必须距离掷球队员至少 3 米，如果是在防守队的任意线上掷球，允许防守队员紧贴球门区线外站立。

(6) 掷任意球时，如果进攻队员在任意线和球门区线之间的错误站位有碍比赛进行，裁判员必须予以纠正。

(五) 七米球

1. 判罚

下列情况判罚七米球：

(1) 队员在场上任何地点犯规，破坏了对方明显的得分机会。

(2) 错误的信号破坏了明显的得分机会。

(3) 未经允许的人员进入场地破坏了明显的得分机会。

2. 执行

(1) 七米球应在场上裁判员鸣哨后 3 秒钟内射向球门。

(2) 在球离手前，掷七米球的队员不得触及或越过七米线。

(3) 掷球后，在球触及对方队员或球门之前，掷球队员及其同队队员不得触球。

(4) 掷七米球时，在球离开掷球队员的手之前，其同队队员必须位于任意线外，否则将判由对方掷任意球。

(5) 掷七米球时，在球离开掷球队员的手之前，所有对方队员必须站在任意线外并且距离七米线至少 3 米，否则若射门不中，应重掷七米球。

(6) 掷七米球时，在球离开掷球队员的手之前，守门员不能越过守门员限制线，否则若射门不中，应重掷七米球。

(7) 当掷七米球队员已持球正确就位并准备掷球时，不允许替换守门员，在此情况下，任何替换守门员的企图都将视为非体育道德行为进行处罚。